PARAMAHANSA YOGANANDA
(5. januar 1893 - 7. marts 1952)

VISDOMSORD AF

PARAMAHANSA YOGANANDA

Self-Realization Fellowship
FOUNDED 1920 BY PARAMAHANSA YOGANANDA

OM DENNE BOG: Denne samling af Paramahansa Yoganandas ord, anekdoter og visdom blev oprindeligt udgivet af Self-Realization Fellowship som *The Master Said* i 1952, kort efter hans død. Bogen blev samlet og trykt af medlemmer af Self-Realization Fellowships Monastiske Orden, oprettet af Paramahansa Yogananda, og har været på tryk i mere end halvfjerds år. Vi takker de mange disciple, som her har delt værdifulde minder om deres personlige samtaler og oplevelser med Sri Yogananda.

Den originale titel på engelsk er udgivet af
Self-Realization Fellowship, Los Angeles (California):
Sayings of Paramahansa Yogananda

ISBN: 978-0-87612-115-3

Oversat til dansk af Self-Realization Fellowship

Copyright © 2023 Self-Realization Fellowship

Autoriseret af Self-Realization Fellowships
Internationale Udgivelsesråd

Self-Realization Fellowships navn og emblem (se ovenfor) findes på alle SRF's bøger, optagelser og andre publikationer og forsikrer læseren om, at et værk er udgivet af det samfund som Paramahansa Yogananda stiftede, og at det nøjagtigt følger hans lære.

Første udgave på dansk, 2023
First edition in Danish, 2023
Dette tryk, 2023
This printing, 2023

ISBN: 978-0-87612-893-0

1125-J06598

INDHOLD

ILLUSTRATIONER

Paramahansa Yogananda:

Andre:

Paramahansa Yoganandas åndelige arv

Hans komplette skrifter, foredrag og uformelle taler

Paramahansa Yogananda grundlagde Self-Realization Fellowship[1] i 1920 for at udbrede sin lære i hele verden og bevare dens renhed og integritet for kommende generationer. Han var en produktiv forfatter og hyppig foredragsholder allerede fra sine tidligste år i Amerika, og skabte et anset og omfangsrigt livsværk inden for yoga-videnskaben om meditation, kunsten at leve et afbalanceret liv og den grundlæggende enhed i alle de store religioner. Denne enestående og vidtrækkende åndelige arv lever i dag videre og er en inspiration for millioner af sandhedssøgende over hele verden.

I overensstemmelse med den store mesters udtrykte ønske har Self-Realization Fellowship varetaget den

---

[1] Direkte oversat "Fællesskabet for Selverkendelse". Paramahansa Yogananda har forklaret at navnet Self-Realization Fellowship betyder "Fællesskab med Gud igennem Selverkendelse, og venskab med alle sandhedssøgende sjæle".

vedvarende opgave med at udgive *Paramahansa Yoganandas samlede værker* og sikre, at de altid fås på tryk. Disse omfatter ikke blot de endelige udgaver af alle de bøger, han udgav i løbet af sit liv, men også mange nye titler – værker, der ved hans bortgang i 1952 endnu ikke var udgivet eller som i årenes løb var blevet serialiseret i ufuldstændig form i Self-Realization Fellowships tidsskrift samt hundredvis af dybt inspirerende foredrag og uformelle taler, der blev optaget men først udgivet efter hans bortgang.

Paramahansa Yogananda udvalgte og oplærte personligt de nære disciple, som forestod Self-Realization Fellowships Udgivelsesråd, og han gav dem nøje retningslinjer for, hvordan de skulle forberede og udgive hans lære. Medlemmerne af SRF's Udgivelsesråd (munke og nonner som har aflagt livsvarige løfter om forsagelse og selvopofrende tjeneste) ærer disse retningslinjer som en hellig betroelse, så den elskede verdenslærers universelle budskab kan leve videre med sin oprindelige kraft og autenticitet.

Self-Realization Fellowship emblemet (vist på den foregående side) blev af Paramahansa Yogananda valgt, så man kan identificere den nonprofitorganisation, han grundlagde som den autoriserede kilde til sin lære. SRF's navn og emblem optræder på alle Self-Realization

Fellowships udgivelser og optagelser og forsikrer læseren om, at værket stammer fra den organisation, som Paramahansa Yogananda grundlagde, og at det videregiver hans lære på den måde, han selv ønskede det.

– Self-Realization Fellowship

Forord

Hvem kan med rette kaldes mester? Intet almindeligt menneske er sandelig værdig til denne titel. Og kun sjældent viser sig på jorden én af det hellige selskab om hvem mesteren fra Galilæa talte: "Den, der tror på mig [Kristus-Bevidstheden], de gerninger, som jeg gør, skal også han gøre."[2]

Mennesker bliver mestre ved at disciplinere det lille selv, eller ego; ved at fjerne alle ønsker undtagen ét – ønsket om Gud; ved målbevidst hengivelse til Ham; og ved dyb meditation, eller sjælsfællesskab med den Universale Ånd. Den, hvis bevidsthed er sikkert forankret i Herren, den eneste Virkelighed, kan med rette kaldes mester.

Paramahansa Yogananda, mesteren hvis ord er kærligt nedskrevet her i bogen, var en verdenslærer. Han fremhævede den indre enhed af alle store hellige skrifter, og arbejdede på at forene Øst og Vest med evige bånd af

[2] Johannesevangeliet 14:12.

åndelig forståelse. Ved sit liv og sine bøger tændte han i talløse hjerter en guddommelig gnist af kærlighed til Gud. Han levede frygtløst efter religionens højeste forskrifter; og forkyndte at alle, der elsker den Himmelske Fader, ligegyldigt hvad deres tro er, er Ham lige kær.

En universitetsuddannelse og mange års åndelig træning i hans fødeland Indien, under den spartanske disciplin fra hans guru (åndelige lærer) Swami Sri Yukteswar, forberedte Paramahansa Yogananda på hans mission i Vesten. Han kom til Boston i 1920 som indisk delegat ved en International Kongres for Religiøse Liberale, og blev i Amerika i over tredive år (med undtagelse af et besøg til Indien i 1935-36).

Enestående succes fulgte hans bestræbelser på at vække ønsket om harmoni med Gud i andre mennesker. I hundredvis af byer slog hans yogaklasser alle rekorder for deltagelse. Han indviede personligt 100.000 studerende i yoga.[3]

For gudhengivne som ønsker at følge det monastiske liv, grundlagde Mesteren adskillige Self-Realization Fellowship ashramcentre i Sydcalifornien, hvor mange sandhedssøgere studerer, arbejder og deltager i meditation, som beroliger sindet og opvækker sjælsbevidsthed.

---

[3] Se ordlisten.

Den følgende begivenhed i Mesterens liv i Amerika viser den kærlige modtagelse givet ham af mennesker begavet med åndelig opfattelse:

På en tur gennem forskellige områder af De Forenede Stater, standsede han en dag for at besøge et kristent munkekloster. Brødrene modtog ham med en vis nervøsitet, da de så hans mørke hud, lange sorte hår og okkerfarvede dragt – den traditionelle dragt for munke af Swami Ordenen.[4] De troede han var hedning og skulle til at nægte ham audiens med abbeden, da denne gode mand kom ind. Med smilende ansigt og åbne arme kom han hen og omfavnede Paramahansaji[5] og udbrød: "Guds mand! Jeg er glad for, du kom."

Denne bog viser andre personlige glimt af Mesterens mangesidede natur, som funklede af medfølende forståelse af mennesker og grænseløs kærlighed til Gud.

Det er en glæde og et helligt hverv for Self-Realization Fellowship, det samfund der blev grundlagt af Paramahansa Yogananda med henblik på at udbrede og videreføre al hans lærdom og hans skrifter, at offentliggøre dette udvalg af Mesterens ord. Denne bog er dedikeret til hans verdensomfattende familie af Self-Realization Fellowship studerende og til alle andre sandhedssøgere.

---

[4] Se ordlisten.
[5] Se *ji* i ordlisten.

Visdomsord af
Paramahansa Yogananda

Visdomsord af
Paramahansa Yogananda

"Sir, hvad kan jeg gøre for at finde Gud?" spurgte en elev. Mesteren svarede:

"Hver gang du har en lille ledig stund, skal du fordybe dit sind i den uendelige tanke om Ham. Tal fortroligt til Ham; Han er den nærmeste af de nære, den kæreste af de kære. Elsk Ham som en gnier elsker penge, som en lidenskabelig mand elsker sin udkårne, som en der er ved at drukne elsker at trække vejret. Når du længes intenst efter Gud, så kommer Han til dig."

❖ ❖ ❖

En elev klagede til Mesteren over, at han ikke kunne finde arbejde. Guruen[1] sagde:

"Lad være med at holde fast i den destruktive tanke. Som en del af universet har du en væsentlig rolle at spille

---

[1] Se ordlisten.

3

i det. Om nødvendigt må du ruske op i verden for at finde dit arbejde! Giv ikke op, så får du succes."

❖ ❖ ❖

"Jeg ville ønske, jeg kunne tro, Mester," sagde en mand. Paramahansaji svarede:

"Tro skal dyrkes eller snarere afdækkes indeni os. Den er der, men den skal bringes frem. Hvis du ser på dit liv, vil du se, hvordan Gud virker gennem det på utallige måder; på den måde vil din tro styrkes. Der er ikke mange mennesker, der leder efter Hans skjulte hånd. De fleste betragter livets gang som naturgivent og uundgåeligt. De har ingen anelse om, hvilke gennemgribende forandringer er mulige ved bøn!"

❖ ❖ ❖

En vis discipel blev fornærmet over enhver omtale af hendes fejl. En dag sagde Paramahansaji:

"Hvorfor protesterer du mod at blive rettet? Er det ikke det, jeg er her for? Min guru kritiserede mig tit i andres påhør. Jeg tog ham det ikke ilde op, for jeg vidste, at Sri Yukteswarji forsøgte at fordrive min uvidenhed. Nu er jeg ikke følsom overfor kritik; der er ikke flere syge steder tilbage i mig, som kan såres når nogen berører dem.

"Det er derfor, jeg fortæller dig ligeud om dine fejl. Hvis ikke du heler de smertefulde steder i dit sind, vil du ømme dig, hver gang nogen rører ved dem."

❖ ❖ ❖

Mesteren sagde til en gruppe disciple:

"Vorherre har arrangeret dette besøg på jorden for os, men de fleste af os ender som uvelkomne gæster, fordi vi tror, vi ejer visse ting her. Vi glemmer, at vores ophold her er midlertidigt, og derfor danner vi mange forskellige tilknytninger: 'mit hjem', 'mit arbejde', 'mine penge', 'min familie'.

"Men når vores visum til jorden udløber, forsvinder alle menneskelige bånd. Vi er tvunget til at efterlade alt det, vi havde troet, vi ejede. Den Eneste der følger med os alle vegne er vores Evige Slægtning, Gud.

Indse *nu*, at I er sjælen og ikke kroppen. Hvorfor vente på, at Døden brutalt belærer jer om det?"

❖ ❖ ❖

Mesteren havde fundet det nødvendigt at skælde en discipel ud på grund af en alvorlig forseelse. Senere bemærkede han med et suk:

5

"Jeg vil helst påvirke andre mennesker udelukkende ved kærlighed. Jeg sygner helt hen, når jeg er tvunget til at træne dem på andre måder."

❖ ❖ ❖

En arrogant intellektuel person diskuterede indviklede filosofiske problemstillinger og forsøgte at forvirre Mesteren. Paramahansaji sagde smilende:

"Sandheden er aldrig bange for spørgsmål."

❖ ❖ ❖

"Jeg er alt for dybt indviklet i mine fejl til at gøre noget åndeligt fremskridt," betroede en elev Paramahansaji med sorg i stemmen. "Mine dårlige vaner er så stærke, at jeg er udmattet af mine forsøg på at bekæmpe dem."

"Vil du være bedre i stand til at bekæmpe dem i morgen end i dag?" spurgte Mesteren. "Hvorfor lægge fejltrin fra i dag til dem du begik i går? Du er nødt til engang at vende dig til Gud, så er det ikke bedre at gøre det nu? Du skal blot overgive dig til Ham og sige: 'Herre, om jeg er uartig eller artig, så er jeg Dit barn. Du skal passe på mig.' Hvis du bliver ved med at prøve, så gør du fremskridt. 'En helgen er en synder, som aldrig gav op.'"

❖ ❖ ❖

"Af mangel på indre glæde vender mennesker sig til ondskab," sagde Mesteren. "Meditation på Lyksalighedens Gud gennemstrømmer os med godhed."

❖ ❖ ❖

"Krop, sind og sjæl er forbundne med hinanden," sagde Mesteren. "Man er forpligtet overfor kroppen – at holde den i form; forpligtet overfor sindet – at udvikle dets evner; og forpligtet overfor sjælen – daglig meditation på Kilden til ens eksistens. Hvis man opfylder sin forpligtelse overfor sin sjæl, vil det også gavne ens krop og sind; men hvis man forsømmer sjælen, vil kroppen og sindet til sidst også lide under det."

❖ ❖ ❖

"Hver ting i skabelsen har individualitet," sagde Mesteren. "Vorherre gentager aldrig Sig Selv. På samme måde er der i menneskets søgen efter Gud uendeligt mange variationer i fremgangsmåde og udtryk. Hver eneste hengivne person har sit eget enestående kærlighedseventyr med Gud."

7

❖ ❖ ❖

"Hjælper Deres træning eleverne til at finde fred med sig selv?" spurgte en besøgende. Paramahansaji svarede:

"Ja, men det er ikke det centrale i min lære. Det bedste er at have fred med Gud."

❖ ❖ ❖

En gæst i ashramen udtrykte tvivl om menneskets udødelighed. Mesteren sagde:

"Prøv at forstå at du er en guddommelig rejsende. Du er kun her en kort tid, og derefter drager du bort til en helt anderledes og betagende verden.[2] Begræns ikke dine tanker til ét kort liv og én lille jordklode. Husk på den vidtstrakte Ånd der bor i dig."

❖ ❖ ❖

"Mennesket og Naturen er uløseligt forbundet og sammenknyttet i en fælles skæbne," sagde Mesteren. "Naturens kræfter samarbejder for at tjene mennesket – solen, jorden, vinden og regnen hjælper os med at skabe vores mad. Mennesket styrer Naturen, selvom det som

[2] Se *astrale verdener* i ordlisten.

8

regel foregår ubevidst. Oversvømmelser, tornadoer, jordskælv og alle andre naturkatastrofer skyldes utallige forkerte menneskelige tanker. Hver eneste blomst i grøftekanten er et udtryk for nogens smil, og hver eneste myg er en legemliggørelse af nogens bidende ord.

"I stedet for at være tjener, gør Naturen oprør og bliver uregerlig, når skabelsens herre sover. Jo mere vi vågner åndeligt, jo lettere kan vi beherske Naturen."

❖ ❖ ❖

"Hvis man hælder mælk i vand blandes det; men smør, som er kærnet af mælk, flyder oven på vandet," sagde Mesteren. "På samme måde bliver mælken i et almindeligt menneskes sind hurtigt opløst i vildfarelsens vand.[3] Et menneske med åndelig selvdisciplin kærner sit sinds mælk til den guddommelige stabilitets smør. Fri for jordiske begær og tilknytninger, kan han flyde roligt oven på det verdslige livs vande med sin opmærksomhed evigt rettet mod Gud."

❖ ❖ ❖

Da en af hans elever blev syg, rådede Paramahansaji

---

[3] Se *maya* i ordlisten.

hende til at gå til lægen. En discipel spurgte ham:

"Mester, hvorfor helbredte *De* hende ikke?"

"De, der har fået helbredende kræfter af Gud, bruger dem kun, når Han befaler det," svarede Guruen. "Vorherre ved, at det sommetider er nødvendigt for Hans børn at gennemgå lidelse. De som ønsker guddommelig helbredelse, må være parate til at leve efter Guds love. Varig helbredelse er ikke mulig, hvis en person bliver ved med at begå de samme fejl og derved inviterer sygdommen til at vende tilbage.

"Sand helbredelse kan kun opnås gennem åndelig forståelse," fortsatte han. "Menneskers uvidenhed om deres sande natur eller sjæl er den egentlige årsag til alle andre onder – fysiske, materielle og psykiske."

❖ ❖ ❖

"Sir, jeg synes ikke, at jeg gør fremskridt i min meditation. Jeg ser og hører ikke noget," sagde en elev. Mesteren svarede:

"Søg Gud for Hans egen skyld. Den højeste oplevelse er at mærke Ham som den Lyksalighed, der vælder op fra dine uendelige dybder. Du skal ikke længes efter visioner, åndelige fænomener eller spændende oplevelser. Vejen til det Guddommelige er ikke noget cirkus!"

❖ ❖ ❖

"Hele universet er skabt af Ånd," sagde Mesteren til en gruppe disciple. "En stjerne, en sten, et træ og et menneske er alle dannet af den Ene Substans, nemlig Gud. For at Vorherre kunne frembringe en forskelligartet verden, var Han nødt at give alting *tilsyneladende* individualitet.

"Vi ville hurtigt blive trætte af den jordiske forestilling, hvis det var nemt at se, at kun Én Person sætter stykket op – skriver manuskriptet, maler dekorationerne, instruerer de medvirkende og spiller alle rollerne. Men 'showet må fortsætte'. Derfor har Mesterdramatikeren manifesteret en ufattelig opfindsomhed og uudtømmelig variation overalt i verdensrummet. Han har forlenet det uvirkelige med tilsyneladende virkelighed."

"Mester, hvorfor må showet fortsætte?" spurgte en discipel.

"Det er Guds *lila*, Hans leg eller sport," svarede Guruen. "Han har ret til at dele Sig Selv op i mange, hvis Han har lyst. Meningen med det hele er, at mennesker skal gennemskue Hans nummer. Hvis ikke Gud skjulte Sig bag *mayas* slør, ville skabelsens Kosmiske Leg ikke eksistere. Vi har lov at lege skjul med Ham og prøve at finde Ham og vinde den Store Præmie."

❖ ❖ ❖

11

Mesteren sagde til en gruppe disciple:

"Jeg ved, at hvis jeg intet ejede, så ville jeg i jer have venner, der ville gøre alt for mig. Og I ved, at i mig har I en ven, som vil hjælpe jer på enhver måde. Vi ser Gud i hinanden. Det er det smukkest tænkelige forhold."

❖ ❖ ❖

Mesteren plejede at forlange stilhed af dem, der omgav ham. Han forklarede: "Fra stilhedens dyb skyder Guds lyksaligheds gejser med usvigelig sikkerhed op og flyder henover menneskets væsen."

❖ ❖ ❖

Disciplene betragtede det som et privilegium at tjene den Guru, som uophørligt arbejdede for deres ve og vel. Til en gruppe hengivne som havde gjort et stykke arbejde for ham, sagde Mesteren:

"I er alle så gode ved mig med al jeres opmærksomhed."

"Tværtimod! Det er Dem, der er god ved os, Mester," udbrød en discipel.

"Gud hjælper Gud," sagde Paramahansaji med sit blide smil. "Det er 'handlingen' i Hans drama om menneskelivet."

❖ ❖ ❖

"Ødelæg alt begær; skil dig af med egoet – det lyder altsammen meget negativt for mig, Mester," bemærkede en elev. "Hvis jeg opgiver så meget, hvad har jeg så tilbage?"

"Faktisk alting, for så vil du blive rig i Ånden, den Universale Substans," svarede Mesteren. "Du vil ikke længere være en forvirret tigger, tilfreds med en brødskorpe og nogle få legemlige behageligheder, men du vil have genindtaget din ophøjede plads som søn af den Uendelige Fader. Det er ikke nogen negativ tilstand!"

Han tilføjede, "Når egoet fordrives, kan det sande Selv skinne frem. Guddommelig erkendelse er en tilstand, som er umulig at forklare, fordi den ikke kan sammenlignes med noget andet."

❖ ❖ ❖

For at forklare Treenigheden for en gruppe disciple, brugte Mesteren denne lignelse:

"Man kan sige at Gud Fader, som eksisterer i den vibrationsløse tomhed bagved fænomenerne, er den Kapital, der 'står bag' skabelsen. Sønnen, eller den intelligente Kristus-Bevidsthed som gennemtrænger universet, udgør Ledelsen. Og Helligånden, eller den usynlige guddommelige vibrationskraft som skaber alle formerne i kosmos, er Arbejdskraften."[4]

❖ ❖ ❖

"Mester, De har lært os ikke at bede om ting, men udelukkende ønske, at Gud vil vise Sig for os. Må vi aldrig bede Ham om at give os noget særligt, som vi har brug for?" spurgte en discipel.

"Det er ikke forkert at fortælle Vorherre, at vi ønsker os noget," svarede Paramahansaji, "men det viser stærkere tro, hvis vi bare siger: 'Himmelske Fader, jeg ved, at Du forudser alle mine behov. Oprethold mig efter Din vilje.'

"Hvis en mand for eksempel gerne vil have en bil, og han beder om den med tilstrækkelig styrke, så får han den. Men det er ikke sikkert, det er bedst for ham at have en bil. Sommetider afviser Vorherre vores små bønner, fordi Han agter at skænke os en bedre gave." Han tilføjede, "Vis større tillid til Gud. Tro på, at Han der skabte dig, også vil opretholde dig."

❖ ❖ ❖

[4] Se *Sat-Tat-Aum* i ordlisten.

En discipel, som følte at han var dumpet til en svær åndelig prøve, bebrejdede sig selv. Mesteren sagde:

"Betragt ikke dig selv som en synder. Det er at vanhellige det guddommelige billede indeni dig. Hvorfor identificere dig selv med dine svagheder? Bekræft i stedet denne sandhed: *Jeg er Guds barn*. Bed til Ham: 'Uanset, om jeg er slem eller god, så tilhører jeg Dig. Bring mit minde om Dig til live igen, O Himmelske Fader!'"

◆ ◆ ◆

"Jeg føler tit, at Gud glemmer mennesket," bemærkede en besøgende i ashramen i Encinitas.[5] "Vorherre holder Sig unægtelig på afstand."

"Det er mennesket, der holder sig på afstand," svarede Mesteren. "Hvem søger Gud? De fleste mennesker fylder deres indre tempel med afgudsbilleder af rastløse tanker og ønsker; Vorherre bliver overset. Alligevel sender Han os fra tid til anden Sine oplyste sønner, for at minde os om vores guddommelige arv.

"Gud opgiver os aldrig. I det stille arbejder Han på enhver måde for at hjælpe Sine elskede børn og skynde på deres åndelige fremskridt."

---

[5] Encinitas er en lille kystby i det sydlige Californien. Her ligger et SRF-ashramcenter, som blev grundlagt af Yoganandaji i 1937.

❖ ❖ ❖

Til en ung hengiven som søgte hans råd, sagde Mesteren:

"Verden skaber dårlige vaner i dig, men verden tager ikke ansvaret for de fejl, du begår som følge af disse vaner. Hvorfor så bruge al din tid på en falsk ven – verden? Afsæt en time om dagen til videnskabelig udforskning af sjælen. Fortjener Gud – som gav dig livet, din familie, dine penge og alt andet – ikke at få en fireogtyvende del af din tid?"

❖ ❖ ❖

"Sir, hvorfor gør nogle mennesker nar af helgener?" spurgte en disciple. Mesteren svarede:

"De, der øver ondt, hader sandheden, og verdslige mennesker er tilfredse med et liv præget af op- og nedture. Ingen af dem ønsker at forandre sig; derfor får tanken om en helgen dem til at føle sig utilpas. De kan sammenlignes med en mand, som gennem mange år har boet i et mørkt rum. Så kommer der nogen og tænder lyset. For den halvblinde mand virker den pludselige glans unaturlig."

❖ ❖ ❖

En dag hvor han talte om racefordomme, sagde Mesteren: "Gud bryder Sig ikke om at blive fornærmet, når Han har Sit mørke tøj på."

❖ ❖ ❖

"Vi skal hverken lade os skræmme af smertefulde mareridt eller blive overdrevent opstemt af drømme om vidunderlige oplevelser," sagde Mesteren. "Ved at dvæle ved disse uundgåelige dualiteter eller *mayas* 'modsætninger', mister man tanken om Gud, den Uforanderlige Lyksaligheds Bolig. Når vi vågner i Ham, indser vi, at det jordiske liv kun er et billede af skygge og lys, som er kastet på det kosmiske filmlærred."

❖ ❖ ❖

"Selvom jeg prøver at stilne mit sind, så mangler jeg styrke til at fordrive rastløse tanker og trænge ind i den indre verden," bemærkede en besøgende. "Jeg mangler sikkert hengivenhed."

"At sidde i stilhed og forsøge at føle hengivenhed kan ofte føre til ingenting," sagde Mesteren. "Det er derfor, jeg underviser i videnskabelige meditationsteknikker. Brug dem, og De vil blive i stand til at koble sindet af fra sansernes distraktioner og fra de ellers endeløse tankestrømme."

Han tilføjede: "Ved *Kriya Yoga*[6] fungerer ens bevidsthed på et højere plan; hengivenhed til den Uendelige Ånd opstår da spontant i menneskets hjerte."

❖ ❖ ❖

Sri Yoganandaji beskrev den tilstand af "ikke-handling", som nævnes i Bhagavad Gitaen[7] således:

"Når en sand yogi udfører en handling, vil det karmisk set være som at skrive i vand. Det efterlader intet spor."[8]

❖ ❖ ❖

En elev fandt det vanskeligt at forestille sig, at Gud bor i menneskelegemet. Mesteren sagde:

"Ligesom rødglødende kul viser tilstedeværelsen af ild, så afslører kroppens vidunderlige mekanisme Åndens tilgrundliggende tilstedeværelse."

---

[6] Se ordisten.

[7] Se ordisten.

[8] Dvs. der bliver ikke ført nogen karmisk protokol. Kun en Mester er et frit menneske – ikke bundet af karma (den uafvendelige kosmiske lov, som stiller uoplyste mennesker til regnskab for deres tanker og handlinger). Ved at tilskynde Arjuna til at kæmpe på slagmarken, forsikrede Krishna ham om, at han ikke ville pådrage sig nogen karma, hvis han handlede som Guds repræsentant uden egoistisk bevidsthed.

❖ ❖ ❖

"Nogle mennesker tror, at hvis ikke en hengiven person gennemgår hårde prøvelser, så er han ikke en helgen. Andre hævder, at et menneske med Gudserkendelse skulle være fri for al lidelse," sagde Mesteren under et foredrag.

"Hver enkelt mesters liv følger et bestemt uset mønster. Skt. Frans af Assisi var plaget af sygdomme; den fuldt frigjorte Kristus lod sig korsfæste. Andre store personligheder såsom Skt. Thomas Aquinas og Lahiri Mahasaya[9] levede deres dage uden voldsom belastning eller tragedie.

"Helgener opnår den endelige frelse fra højst forskellige baggrunde. Sande vismænd viser, at de er i stand til at afspejle det Guddommelige Billede indeni dem, uanset ydre omstændigheder. De spiller den rolle som Gud ønsker, hvad enten den passer til den offentlige mening eller ej."

❖ ❖ ❖

En ung beboer i ashramen elskede at lave sjov. For ham var livet én lang komedie. Hans lystighed som til

---

[9] Se ordlisten.

19

tider var kærkommen, gjorde det sommetider vanskeligt for andre disciple roligt at koncentrere sig om Gud. En dag irettesatte Paramahansaji mildt drengen.

"Du bør lære at være mere alvorlig," bemærkede han.

"Ja, Mester," svarede disciplen, som oprigtigt angrede sin rastløshed. "Men min vane er så stærk! Hvordan kan jeg ændre mig uden din velsignelse?"

Guruen forsikrede ham højtideligt:

"Du har min velsignelse. Du har Guds velsignelse. Den eneste velsignelse der mangler, er din egen!"

❖ ❖ ❖

"Gud forstår dig, selv når alle andre misforstår dig," sagde Mesteren. "Han er den Elsker, som altid sætter dig højt, uanset dine fejl. Andre viser dig kærlighed i et stykke tid, hvorefter de svigter dig, men Han forlader dig aldrig.

"Gud søger din kærlighed hver dag på utallige måder. Han straffer dig ikke, hvis du afviser Ham, men du straffer dig selv. Du vil se, at 'alt forråder dig, hvis du forråder Mig.'"[10]

❖ ❖ ❖

[10] *The Hound of Heaven* af Francis Thompson.

20

"Sir, hvad synes De om kirkeceremonier?" spurgte en elev. Mesteren svarede:

"Religiøse ritualer kan hjælpe mennesker til at tænke på Gud, deres Uendelige Skaber. Men hvis der er for mange ritualer, glemmer alle hvad det egentlig drejer sig om."

❖ ❖ ❖

"Hvad er Gud?" spurgte en elev.

"Gud er Evig Lyksalighed," svarede Mesteren. "Hans væsen er kærlighed, visdom og glæde. Han er både upersonlig og personlig, og Han manifesterer Sig på den måde, Han ønsker. Han viser Sig for Sine helgener i den form som hver af dem holder af: en kristen ser Kristus, en hindu skuer Krishna[11] eller den Guddommelige Moder,[12] og så fremdeles. Disciple hvis tro tager en upersonlig retning opfatter Vorherre som et uendeligt Lys eller den vidunderlige lyd *Aum*,[13] det grundlæggende Ord, Helligånden. Den højeste oplevelse man kan have, er at føle den Lyksalighed som fuldt omfatter alle sider af

[11] Se ordlisten.
[12] Se ordlisten.
[13] Se ordlisten.

Guddommeligheden – kærlighed, visdom, udødelighed.

"Men hvordan kan jeg udtrykke Guds natur for dig i ord? Han er uudsigelig, ubeskrivelig. Kun i dyb meditation vil du kende Hans mageløse væsen."

❖ ❖ ❖

Efter en samtale med en egoistisk gæst, bemærkede Mesteren:

"Guds nådes regn kan ikke samles på stolthedens bjergtoppe, men den flyder let ned i ydmyghedens dale."

❖ ❖ ❖

Hver gang Mesteren så en vis discipel, som afgjort hørte til den intellektuelle type, sagde Guruen:

"Få hengivenhed! Husk Jesu ord: 'Fader, Du har skjult dette for de vise og kloge og åbenbaret det for de umyndige.'"[14]

Disciplen besøgte Mesteren på hans tilflugtssted i ørkenen kort før jul 1951. På et bord lå der noget legetøj, som skulle bruges som gaver. I barnligt humør legede Paramahansaji med det et stykke tid og spurgte derefter den unge mand: "Hvad synes du om dem?"

---

[14] Matthæusevangeliet 11:25.

Paramahansa Yogananda ved en uformel forsamling af Self-Realization venner og medlemmer, Beverly Hills, Californien, 1949.

Disciplen kunne dårligt komme sig over sin overraskelse, men han sagde med en latter: "Udmærket, sir." Mesteren smilede og citerede:

"'Lad de små børn komme til mig, for Guds rige er deres.'"[15]

❖ ❖ ❖

En elev tvivlede på sine evner med hensyn til åndelig vedholdenhed. For at opmuntre ham sagde Paramahansaji:

"Vorherre er ikke fjern, men nær. Jeg ser Ham alle vegne."

"Jamen sir, De er en mester!" indvendte eleven.

"Alle sjæle er lige," svarede Guruen. "Den eneste forskel mellem dig og mig er, at jeg har gjort en indsats. Jeg har vist Gud, at jeg elsker Ham, og så kom Han til mig. Kærlighed er den magnet, Gud ikke kan undslippe."

❖ ❖ ❖

"Når De kalder Deres tempel i Hollywood for en 'kirke for alle religioner', hvorfor lægger De så særlig vægt på kristendommen?" spurgte en gæst.

---

[15] Lukasevangeliet 18:16.

"Det er Babajis[16] ønske, at jeg skal gøre det," sagde Mesteren. "Han bad mig fortolke den kristne bibel og den hinduistiske bibel [Bhagavad Gita], for at fremhæve den grundlæggende enighed mellem de kristne og de vediske[17] skrifter. Han sendte mig til Vesten for at opfylde den mission."

❖ ❖ ❖

"En synd," sagde Mesteren, "er alt det, som får mennesket til at glemme Gud."

❖ ❖ ❖

"Mester, hvordan kunne Jesus lave vand om til vin?" spurgte en discipel. Sri Yogananda svarede:

"Universet er resultatet af et skuespil af lys – vibrationer af livsenergi. Som scener på et biograflærred, bliver skabelsens levende billeder projiceret og gjort synlige ved hjælp af lysstråler. Kristus opfattede den kosmiske substans som lys; i hans øjne var der ingen afgørende forskel på de lysstråler der udgør vand, og dem der udgør vin. Præcis som det var tilfældet med

---

[16] Se ordlisten.
[17] Se *vedaer* i ordlisten.

Gud i skabelsens begyndelse,[18] kunne Jesus befale vibrationerne af livsenergi til at antage forskellige former.

"Alle de, som overskrider de illusoriske verdener af relativitet og dualitet, får adgang til Enhedens sande verden. De bliver ét med Almægtigheden, ligesom Kristus sagde: 'Den, som tror på mig [den, der kender Kristus-Bevidstheden], han skal også gøre de gerninger, jeg gør: ja, han skal gøre endnu større gerninger, for jeg går til Faderen [for jeg vender snart tilbage til det Højeste – det Vibrationsløse Absolutte hinsides skabelsen, hinsides fænomenerne].'"[19]

◆ ◆ ◆

"Tror De ikke på ægteskabet, Mester?" spurgte en elev. "Det lyder tit, som om De er imod det." Paramahansaji svarede:

"Ægteskab er unødvendigt og snærende for dem, der giver afkald i deres hjerte og intenst søger Gud, den Evige Elsker. Men i almindelige tilfælde er jeg ikke imod sandt ægteskab. To mennesker, som forener deres

---

[18] "Der blive lys! Og der blev lys" (1. Mosebog 1:3).

[19] Johannesevangeliet 14:12. Se *Sat-Tat-Aum* i ordlisten.

liv for at hjælpe hinanden videre mod Gudserkendelse, grundlægger deres ægteskab på det rette fundament: ubetinget venskab. Kvinden motiveres først og fremmest af følelse og manden af fornuft; formålet med ægteskabet er at afbalancere disse egenskaber.

"I dag ser man ikke mange ægte sjælefællesskaber, da unge mennesker får ringe åndelig uddannelse. Fordi de er følelsesmæssigt umodne og ustabile, er de som regel påvirket af forbigående seksuel tiltrækning eller verdslige hensyn, som overser ægteskabets ædle formål." Han tilføjede: "Jeg siger ofte: 'I skal først grundfæste jer uigenkaldeligt på den åndelige vej; hvis I derefter gifter jer, begår I ikke fejl!'"

❖ ❖ ❖

"Spreder Vorherre ikke Sin nåde mere rigeligt over visse mennesker end over andre?" spurgte en elev. Paramahansaji svarede:

"Gud vælger dem, der vælger Ham."

❖ ❖ ❖

To kvinder plejede at lade bilen stå ulåst, når de parkerede den. Mesteren sagde til dem, "Vær forsigtige. Lås jeres bil."

"Hvor er Deres tillid til Gud?" udbrød de.

"Jeg har tillid," svarede Paramahansaji. "Det betyder ikke skødesløshed."

Men de fortsatte med at lade bilen stå ulåst. En dag, da de havde efterladt mange værdifulde ting på bagsædet, blev de stjålet af tyve.

"Hvorfor forvente af Gud at Han beskytter jer, hvis I overser Hans love om fornuft og forsigtighed?" sagde Mesteren. "Hav tillid, men vær praktiske og lad være med at friste andre."

❖ ❖ ❖

Nogle af disciplene, som havde travlt med en mængde aktiviteter, forsømte deres meditation.[20] Mesteren advarede dem:

"Sig ikke: 'I morgen vil jeg meditere længere.' Pludselig ser I, at et år er gået uden opfyldelse af jeres gode hensigter. Sig i stedet: 'Det ene kan vente, og det andet kan vente, men min søgen efter Gud kan ikke vente.'"

❖ ❖ ❖

"Sir," sagde en discipel, "hvordan kan det være, at

[20] Se *Kriya Yoga* i ordlisten.

nogle mestre synes at vide mere end andre mestre?"

"Alle de, der er fuldt frigjorte, er ens med hensyn til visdom," svarede Paramahansaji. "De forstår alt, men røber sjældent den viden. For at behage Gud spiller de den rolle, Han har tildelt dem. Hvis de tilsyneladende begår fejl, er det fordi den opførsel er en del af deres menneskelige rolle. Indeni er de upåvirkede af *mayas* kontraster og relativiteter."

❖ ❖ ❖

"Jeg synes, det er svært at holde fast på de venskaber jeg har," betroede en elev.

"Vælg omhyggeligt dem du omgås," sagde Paramahansaji. "Vær hjertelig og oprigtig, men hold altid en smule afstand og ærbødighed. Vær aldrig familiær overfor folk. Det er let nok at få venner, men hvis man vil holde på vennerne, bør man følge den regel."

❖ ❖ ❖

"Mester," sagde en elev, "kan en sjæl blive fortabt for evigt?" Guruen svarede:

"Det er umuligt. Hver sjæl er en del af Gud og er derfor uforgængelig."

❖ ❖ ❖

"For en hengiven som er på den rigtige vej, er åndelig udfoldelse lige så naturlig og ubemærket for ham som hans åndedræt," sagde Mesteren. "Når først man har givet sit hjerte til Gud, bliver man så dybt opslugt af Ham, at man knap bemærker, at man har løst alle livets problemer. Andre begynder at kalde ham 'Guru'. Han tænker forbløffet:

"'Hvad! Er denne synder nu blevet til en helgen? Herre, må Dit billede lyse så klart i mit ansigt at ingen ser *mig*, kun *Dig!*'"

❖ ❖ ❖

En vis elev var tilbøjelig til hele tiden at se efter tegn på åndelig fremgang i sig selv. Mesteren sagde til ham:

"Hvis du sår et frø og hver dag graver det op for at se om det gror, vil det aldrig slå rod. Pas godt på det, men lad være med at være nysgerrig!"

❖ ❖ ❖

"Hvor er G—— dog en underlig person!" Flere af disciplene drøftede forskellige personers særheder. Mesteren sagde:

30

"Hvorfor være overrasket? Denne verden er bare Guds zoologiske have."

❖ ❖ ❖

"Er Deres lære om at kontrollere følelserne ikke farlig?" spurgte en elev. "Mange psykologer hævder, at undertrykkelse fører til sindsforstyrrelser og endda til fysisk sygdom."

Mesteren svarede:

"Undertrykkelse er skadelig – det at holde fast i tanken om, at man ønsker noget, men uden at gøre noget konstruktivt for at få det. Selvkontrol er gavnligt – tålmodigt at udskifte forkerte tanker med rigtige, og derved ændre forkastelige handlinger til nyttige handlinger.

"De, der dvæler ved ondskab, skader sig selv. Mennesker, som fylder deres sind med visdom og deres liv med konstruktive aktiviteter, undgår vanærende lidelse."

❖ ❖ ❖

"Gud sætter os på prøve på alle måder," sagde Mesteren. "Han afslører vores svagheder, så vi kan blive opmærksomme på dem og forvandle dem til styrker. Han kan sende os prøvelser, som synes ubærlige. Sommetider kan det næsten virke, som om Han skubber os væk. Men den kloge hengivne siger:

"'Nej, Herre, det er Dig, jeg vil have. Intet skal hindre mig i min søgen. Mit hjertes bøn er: Sæt mig aldrig på den prøve, at jeg glemmer Dit nærvær.'"

❖ ❖ ❖

"Sir, forlader jeg nogensinde den åndelige vej?" spurgte en discipel, der var fyldt med tvivl. Mesteren svarede:

"Hvordan skulle du kunne det? Alle i verden er på den åndelige vej."

❖ ❖ ❖

"Sir, skænk mig hengivenhedens nåde," bønfaldt en discipel.

"Det, du siger, er i virkeligheden: 'Giv mig penge, så jeg kan købe, hvad jeg vil,'" svarede Mesteren. "Men jeg siger: 'Nej, først skal du *tjene* pengene. Derefter kan du med rette glæde dig over det, du køber.'"

❖ ❖ ❖

For at hjælpe en nedslået elev fortalte Mesteren om denne oplevelse:

"En dag så jeg en stor bunke sand, hvorpå der kravlede en lillebitte myre. Jeg sagde: 'Myren må tro, den er ved at bestige Himalayas bjerge!' Sandbunken virkede måske enorm for myren, men ikke for mig. Tilsvarende kan en million af vores solår være mindre end et minut i Guds sind. Vi skal øve os i at tænke i store begreber: Evighed! Uendelighed!"

❖ ❖ ❖

Yoganandaji og en gruppe disciple var i gang med deres aftenøvelser på plænen ved Encinitas Hermitage. En af de unge mænd spurgte om en bestemt helgen, hvis navn han ikke kendte.

"Sir," sagde han, "det var den mester, som viste sig for Dem her for nogle måneder siden."

"Det kan jeg ikke huske," svarede Paramahansaji.

"Det var ude i baghaven, sir."

"Der er mange, der besøger mig der; jeg ser nogle, der er døde, og andre som stadig er på jorden."

"Hvor vidunderligt, sir!"

"Hvor end en af Guds hengivne befinder sig, der kommer Hans helgener." Guruen holdt en pause på et minut eller to, mens han lavede et par øvelser. Derefter sagde han:

"I går mens jeg mediterede på mit værelse, ville jeg vide noget om en stor mesters liv i gamle dage. Han materialiserede sig for mig. Vi sad længe ved siden af hinanden på min seng og holdt hinanden i hånden."

"Sir, fortalte han Dem om sit liv?"

"Jah," svarede Paramahansaji, "ved udveksling af vibrationer fik jeg hele billedet."

❖ ❖ ❖

For at få de forsagende i Self-Realization Ordenen[21] til at være på vagt mod åndelig skødesløshed, sagde Mesteren til dem:

"Når først man opnår *nirbikalpa samadhi*,[22] synker man aldrig igen ned i vildfarelse. Men indtil man når den tilstand, er man ikke sikker.

"En discipel af en berømt hindu mester var en så fremragende sjæl, at hans guru plejede at fremhæve ham som et eksempel, alle burde følge. En dag sagde disciplen, at han hjalp en gudfrygtig kvinde ved at

---

[21] Se ordlisten.
[22] Se ordlisten.

Mesteren mediterer i Dihika, nær det sted hvor hans første
drengeskole lå, under et besøg i Indien, 1935. Skolen blev flyttet
til Ranchi i 1918, hvor den fortsat trives.

meditere sammen med hende.

Guruen sagde stille: 'Sadhu,[23] tag dig i agt!'

"Et par uger senere spirede nogle frø af dårlig karma[24] i disciplens liv; han stak af med kvinden. Han vendte dog hurtigt tilbage til sin guru og udbrød: 'Tilgiv mig!' Han lod ikke en fejltagelse blive centrum i sit liv, men lagde alle fejltrin bag sig og fordoblede sin indsats for at fuldføre erkendelsen af Selvet.

"Af den historie kan I se, at det er muligt selv for en stor discipel at synke midlertidigt ned i vildfarelse. Slæk aldrig på jeres årvågenhed, før I er grundfæstet i den Endelige Lyksalighed."

❖ ❖ ❖

"Materiel videnskab er mere teoretisk end sand religion," sagde Mesteren. "For eksempel er videnskaben i stand til at undersøge et atoms ydre beskaffenhed og adfærd. Men meditationsudøvelse giver allestedsnærværelse; en yogi kan blive ét med atomet."

❖ ❖ ❖

[23] Se ordlisten.
[24] Se ordlisten.

En vis krævende discipel ankom ofte uanmeldt til Mt. Washington Centeret[25] og foretog hyppige modtager-betaler-opkald til Mesteren. "Han er en ejendommelig person," bemærkede Paramahansaji engang. "Men hans hjerte er hos Vorherre. På trods af sine fejl vil han nå sit mål, for han lader ikke Gud få fred, før det sker!"

❖ ❖ ❖

Da Mesteren kom til Amerika, gik han i begyndelsen i indisk tøj, og hans lange hår hang ned over skuldrene. En mand blev fascineret af det i hans øjne mærkværdige syn og spurgte: "Kan De spå om skæbnen?" Paramahansaji svarede:

"Nej, jeg fortæller folk, hvordan de kan forbedre deres skæbne."

❖ ❖ ❖

En dag fortalte Mesteren disciplene om en helgen, som faldt ned fra den højeste tinde, fordi han fremviste sine overnaturlige evner offentligt. "Han blev hurtigt klar over, at han havde begået en fejl," sagde Paramahansaji,

---

[25] Self-Realization Fellowships hovedkvarter i Los Angeles, Californien. Se ordlisten.

"og så vendte han tilbage til sine disciple. I slutningen af sit liv var han en fuldt frigjort sjæl."

"Sir, hvordan kunne han stige så hurtigt op igen?" spurgte en discipel. "Er den karmiske straf ikke hårdere for en mand, der falder ned fra et højt niveau end for et almindeligt menneske, som handler forkert på grund af ren uvidenhed? Det virker underligt, at den indiske helgen ikke skulle vente i lang tid for at nå den endelige udfrielse."

Mesteren rystede smilende på hovedet. "Gud er ingen tyran," sagde han. "Hvis en mand var vant til at leve af ambrosia, ville han være ked af at skulle spise muggen ost. Hvis han græd fortvivlet for at få ambrosia igen, ville Gud ikke nægte ham det."

◆ ◆ ◆

En ven mente, at det var upassende for Self-Realization Fellowship at benytte sig af reklamer. Mesteren sagde:

"Wrigley bruger annoncer for at få folk til at tygge tyggegummi. Hvorfor skulle jeg ikke annoncere for at få folk til at 'tygge' gode idéer?"

◆ ◆ ◆

Mesteren talte om, hvor hurtigt man kan udfries af *mayas* vildfarelse ved Guds nåde, og sagde:

"Her i verden er det, som om vi er sænket ned i et hav af problemer. Så kommer den Guddommelige Moder og rusker op i os og vækker os fra den forfærdelige drøm. Hvert menneske får før eller senere denne befriende oplevelse."

❖ ❖ ❖

En elev vaklede mellem afkaldets vej og en længe attrået karriere. Mesteren sagde blidt:

"Alle dine ønskers opfyldelse og langt mere venter dig hos Gud."

❖ ❖ ❖

Til en elev, som syntes at være håbløst fanget i dårlige vaner, sagde Mesteren:

"Hvis du mangler viljestyrke, så prøv at udvikle 'vil ikke'-styrke."

❖ ❖ ❖

"Hvilket ansvar man påtager sig ved at prøve at forbedre mennesker!" udbrød Mesteren. "Rosen i vasen ser smuk ud; man glemmer alt det havearbejde, der har været med til at gøre den smuk. Og hvis man må gøre sig umage for at have en dejlig rose, hvor meget større anstrengelser skal der så ikke til for at skabe et fuldkomment menneske!"

◆ ◆ ◆

"Omgås ikke for meget med andre," sagde Mesteren. "Venskaber giver os ikke tilfredsstillelse, medmindre de har rod i gensidig kærlighed til Vorherre.

"Vort menneskelige ønske om kærlig forståelse fra andre er i virkeligheden sjælens trang til enhed med Gud. Jo mere vi forsøger at tilfredsstille denne trang udadtil, jo mindre sandsynligt er det, at vi finder den Guddommelige Ven."

◆ ◆ ◆

"Der er tre typer af hengivne," sagde Mesteren. "Troende, som går i kirke og er tilfredse med det; troende, som lever et retskaffent liv, men som ikke anstrenger sig for at opnå enhed med Gud; og de troende, som er *fast besluttede* på at finde deres sande identitet."

◆ ◆ ◆

Da han blev bedt om at definere Selverkendelse, sagde Mesteren:

"Selverkendelse er at vide – i krop, sind og sjæl – at vi er ét med Guds allestedsnærværelse; at vi ikke behøver at bede om, at den skal komme til os, at vi ikke blot altid er nær ved den, men at Guds allestedsnærværelse er vores allestedsnærværelse; at vi er lige så meget en del af Ham nu, som vi nogensinde vil være. Vi skal blot forbedre vores erkendelse."

❖ ❖ ❖

"Gud skaffer hurtigt Sine hengivne alt, hvad de har brug for, fordi de har fjernet egoets hindrende modstrømninger," sagde Mesteren.

❖ ❖ ❖

"Da Mt. Washington Centeret var helt nyt, skulle der på et tidspunkt betales termin; men vi havde ingen penge i banken. Jeg bad meget inderligt og sagde til Vorherre: 'Organisationens trivsel er i Dine hænder.' Den Guddommelige Moder viste Sig for mig. Hun sagde på engelsk:

"'Jeg er jeres aktier og obligationer; Jeg er jeres sikkerhed.'

"Et par dage senere modtog jeg en stor donation til Centeret med posten."

❖ ❖ ❖

En af disciplene udførte pligtopfyldende og hurtigt alle de opgaver, som Mesteren gav ham; men andre mennesker ville han ikke gøre noget for. Som irettesættelse sagde Mesteren:

"Du bør tjene andre som du tjener mig. Husk, at Gud bor i alle. Forsøm ikke nogen lejlighed til at gøre Ham glad."

❖ ❖ ❖

"Døden lærer os ikke at sætte vores lid til kroppen, men til Gud. Derfor er Døden en ven," sagde Mesteren. "Vi bør ikke overdrive sorgen, når en af vores kære går over til den anden side. Det er selvisk af os at ønske, at de altid skal blive hos os for at glæde og trøste os. Vi må hellere glæde os over, at de er kaldet til at gå frem mod sjælens frihed i nye og bedre omgivelser i en astral verden.[26]

"Sorgen over adskillelsen får de fleste til at græde

---

[26] Se ordlisten.

for en tid; derefter glemmer de det. Men de vise føler sig tilskyndet til at lede efter deres forsvundne kære i den Eviges hjerte. Det, som de hengivne mister i det endelige liv, finder de igen i det Uendelige."

◆ ◆ ◆

"Hvad er den bedste bøn?" spurgte en discipel. Mesteren sagde:

"Sig til Vorherre: 'Lad mig vide, hvad Din vilje er.' Sig ikke: 'Jeg vil have det ene og jeg vil have det andet,' men hav tillid til at Han ved, hvad du har brug for. Du vil se, at du får noget langt bedre, når Han vælger for dig."

◆ ◆ ◆

Mesteren bad ofte disciplene om at tage sig af forskellige mindre anliggender. Da én af dem forsømte en sådan lille pligt, fordi hun mente, den var uden betydning, irettesatte Paramahansaji hende blidt. Han sagde:

"Pligtopfyldenhed i udførelsen af små pligter giver os styrke til at holde fast ved vanskelige beslutninger, som livet en dag vil tvinge os til at tage."

◆ ◆ ◆

43

Med en omformulering af en kommentar fra Sri Yukteswar[27] sagde Mesteren til en ny discipel:

"Der er dem, der mener, at det at flytte ind i en ashram for at opnå selvdisciplin, er lige så sørgeligt som en begravelse. I stedet kan det betyde begravelsen af al sorg!"

◆ ◆ ◆

"Det er tåbeligt at forvente sand lykke fra jordiske tilknytninger og besiddelser, for de har ingen magt til at give den," sagde Mesteren. "Alligevel dør millioner af mennesker af knuste hjerter, fordi de forgæves har forsøgt at finde den tilfredsstillelse i det verdslige liv, som kun eksisterer i Gud, Kilden til al glæde."

◆ ◆ ◆

Som forklaring på, hvorfor så få mennesker forstår den Uendelige Gud, sagde Mesteren:

"Ligesom en lille kop ikke kan rumme de umådelige vande i oceanet, kan det begrænsede menneskelige sind ikke rumme den universelle Kristus-Bevidsthed. Men når man bliver ved med at udvide sit sind gennem meditation,

---

[27] *En yogis selvbiografi*, kapitel 12.

vil man til sidst opnå alvidenhed. Man bliver forenet med den Guddommelige Intelligens, som gennemtrænger skabelsens atomer.

"Skt. Johannes sagde: 'Men alle dem, der tog imod ham, gav han magt til at blive Guds børn, dem, der tror på hans navn.'[28] Med 'alle dem, der tog imod ham' mente Skt. Johannes de mennesker, som til fuldkommenhed har udviklet deres evne til modtagelighed for det Uendelige; kun de genvinder deres status som 'Guds børn'. De 'tror på hans navn' ved at opnå enhed med Kristus-Bevidstheden."

❖ ❖ ❖

En elev, som engang havde boet i ashramen, kom en dag tilbage og sagde med trist stemme til Mesteren:

"Hvorfor tog jeg dog herfra?"

"Er det ikke et paradis her sammenlignet med verden udenfor?" spurgte Paramahansaji.

"Jo, det er det helt sikkert!" svarede den unge mand og hulkede så længe, at Mesteren græd med ham af medfølelse.

❖ ❖ ❖

[28] Johannesevangeliet 1:12.

45

En nonne fra Self-Realization Ordenen klagede over mangel på hengivelse. "Det er ikke fordi, jeg ikke ønsker at kende Gud," sagde hun, "men det er som om, jeg er ude af stand til at vise kærlighed til Ham. Hvad skal man gøre, hvis man ligesom jeg oplever en 'tør' tilstand?"

"Du skal ikke koncentrere dig om tanken om, at du mangler hengivenhed, men du skal arbejde på at udvikle den," svarede Mesteren. "Hvorfor være ked af, at Gud endnu ikke har vist Sig for dig? Tænk på, hvor længe du har ignoreret Ham!

"Mediter mere; gå i dybden; og følg ashramens regler. Ved at ændre dine vaner vil du vække mindet om Hans vidunderlige Væsen i dit hjerte; og når du kender Ham, er der ingen tvivl om, at du vil elske Ham."

◆ ◆ ◆

En søndag gik Mesteren til en gudstjeneste, hvor koret sang specielt til ære for ham. Efter gudstjenesten spurgte korlederen og gruppen Paramahansaji:

"Kunne De lide vores sang?"

"Det var fint nok," sagde Sri Yogananda uden begejstring.

"Åh! De syntes ikke rigtigt om det?" spurgte de.

"Det vil jeg ikke sige."

Da han blev bedt om en forklaring, sagde Mesteren omsider: "Rent teknisk var det perfekt; men I forstod ikke, Hvem I sang for. I tænkte kun på at behage mig og resten af tilhørerne. Næste gang skal I ikke synge for mennesker, men for Gud."

❖ ❖ ❖

Disciplene talte med ærefrygt om de lidelser, som historiens martyr-helgener med glæde udholdte. Mesteren sagde:

"Hvad der sker med kroppen er fuldstændig ligegyldigt for et menneske med Gudserkendelse. Den fysiske form er som en tallerken, som en hengiven bruger, mens han spiser livets visdomsmiddag. Når hans sult er blevet stillet for evigt, hvilken værdi har tallerkenen så? Den går måske i stykker, men den hengivne lægger næppe mærke til det. Han er helt opslugt af Vorherre."

❖ ❖ ❖

På de lange sommeraftener var Mesteren ofte optaget af åndelige samtaler med disciplene på Encinitas Hermitages veranda. Ved en sådan lejlighed faldt talen på mirakler, og Mesteren sagde:

"De fleste mennesker er interesserede i mirakler og

47

Paramahansaji byder varmt velkommen til medlemmer uden for
Self-Realization templet, San Diego, Californien, 1949.

vil gerne se dem. Men min Mester, Sri Yukteswarji, som havde kontrol over alle naturkræfter, så meget strengt på det emne. Lige inden jeg forlod Indien for at holde foredrag i Amerika, sagde han til mig: 'Væk kærlighed til Gud i mennesker. Lad være med at tiltrække dem ved at demonstrere ualmindelige kræfter.'

"Hvis jeg gik på ild og vand og fyldte hvert auditorium i landet med nysgerrige mennesker, hvad godt ville det så gøre? Se stjernerne, skyerne og havet; se duggen på græsset. Kan noget menneskeligt mirakel sammenlignes med disse i bund og grund uforklarlige fænomener? Alligevel er der kun få mennesker, som gennem naturen føres til at elske Gud – Miraklet over alle mirakler."

❖ ❖ ❖

Til en gruppe unge disciple med tendens til at udsætte ting sagde Mesteren:

"Vær metodiske i jeres liv. Gud skabte rutine. Solen skinner til skumringen, og stjernerne skinner til daggry."

❖ ❖ ❖

"Skyldes helgenernes visdom ikke, at de er særligt begunstigede af Vorherre?" spurgte en besøgende.

"Nej," svarede Mesteren. "Når nogle mennesker

har mindre guddommelig erkendelse end andre, skyldes det ikke at Gud begrænser strømmen af Sin nåde, men derimod at de fleste mennesker forhindrer Hans evigt tilstedeværende lys i at passere frit gennem dem. Ved at fjerne egoismens mørke skærm, kan alle Hans børn på samme vis genspejle Hans stråler af alvidenhed."

◆ ◆ ◆

En besøgende talte nedsættende om indernes såkaldte afgudsdyrkelse. Mesteren sagde stille:

"Hvis en mand sidder med lukkede øjne i en kirke og lader sine tanker dvæle ved verdslige ting – materialismens afguder – så er Gud klar over, at Han ikke bliver tilbedt.

"Hvis en mand, som bukker for et stenbillede og ser billedet som et symbol og en påmindelse om den levende, allestedsnærværende Ånd, så modtager Gud den tilbedelse."

◆ ◆ ◆

"Jeg tager op i bjergene for at være alene med Gud," sagde en elev til Mesteren.

"Du gør ikke åndeligt fremskridt på den måde," svarede Paramahansaji. "Dit sind er endnu ikke parat til at koncentrere sig dybt om Ånden. Dine tanker vil hovedsageligt dvæle ved erindringer om mennesker og verdsligt tidsfordriv, selvom du befinder dig i en hule. En bedre vej er frejdigt at opfylde dine jordiske pligter, kombineret med daglig meditation."

❖ ❖ ❖

Efter at have rost en discipel, sagde Mesteren:
"Når du får at vide, at du er god, må du ikke slappe af, men prøve at blive endnu bedre. Din fortsatte forbedring bringer lykke til dig, til dem der er omkring dig og til Gud."

❖ ❖ ❖

"Forsagelse er ikke negativt men positivt. Man opgiver ikke noget ud over elendighed," sagde Mesteren.
"Man skal ikke se på afkald som en vej af opofrelse. Det er snarere en guddommelig investering, hvor vores få øres selvdisciplin giver afkast på en million åndelige kroner. Er det ikke visdom at bruge vore flygtige dages guldmønter til at købe Evigheden?"

❖ ❖ ❖

En søndag morgen så Mesteren på de mange blomster, der udsmykkede templet, og sagde:

"Fordi Gud er Skønhed, skabte Han ynde i blomsterne, så de kan fortælle om Ham. Mere end noget andet i naturen antyder de Hans tilstedeværelse. Hans strålende ansigt titter ud af liljers og forglemmigejers vinduer. I rosens duft er det, som om Han siger: 'Søg Mig.' Det er Hans talemåde; ellers er Han tavs. Han viser Sit håndværk i skabelsens skønhed, men Han afslører ikke, at Han selv er gemt deri."

◆ ◆ ◆

To disciple fra ashramen bad Mesteren om tilladelse til at tage en tur for at besøge nogle venner. Paramahansaji svarede:

"I begyndelsen af en verdensforsagers træning er det ikke godt for ham ofte at være i selskab med verdslige mennesker. Sindet bliver utæt som en si, og det kan ikke holde på Gudserkendelsens vand. At tage på ture bringer ikke erkendelse af det Uendelige."

Fordi Guruens facon var at komme med forslag frem for at give ordrer, tilføjede han: "Det er min pligt at advare jer, når jeg ser, at I går i den forkerte retning. Men gør som I vil."

❖ ❖ ❖

"På jorden forsøger Gud at fremme den universelle kunst at leve rigtigt ved at opmuntre følelser af broderskab og værdsættelse af andre i menneskers hjerter," sagde Mesteren. "Derfor har Han ikke tilladt nogen nation at være fuldkommen i sig selv. Han har givet medlemmerne af hver race en særlige evne, et enestående geni, som de kan bruge til at yde deres specielle bidrag til verdens civilisation.

"Fred på jorden fremskyndes ved konstruktiv udveksling af nationernes bedste træk. Se bort fra en races fejl, og erkend og efterlign i stedet dens fortrin. Det er vigtigt at indse, at historiens store helgener har personliggjort alle landes idealer og har legemliggjort alle religioners højeste stræben."

❖ ❖ ❖

Mesterens samtaler funklede af billedsprog. En dag sagde han:

"Jeg ser mennesker på den åndelige vej som deltagere i et væddeløb. Nogle sprinter; andre bevæger sig langsomt fremad. Der er endda nogle, der løber baglæns!"

En anden gang bemærkede han:

"Livet er en kamp. Mennesker kæmper mod deres

indre fjender af grådighed og uvidenhed. Mange bliver såret – af begærets kugler."

❖ ❖ ❖

Paramahansaji havde kritiseret flere disciple på grund af manglende effektivitet i udførelsen af deres pligter. De var meget kede af det; og så sagde Guruen:

"Jeg bryder mig ikke om at skælde jer ud, for I er allesammen så gode. Men når jeg ser pletter på en hvid væg, vil jeg fjerne dem."

❖ ❖ ❖

Paramahansaji og et par andre var på biltur for at besøge et Self-Realization refugium. En gammel mand med rygsæk på kom traskende langs en hed og støvet vej. Mesteren bad om at standse bilen, kaldte på manden og gav ham nogle penge. Et par minutter senere sagde Paramahansaji til disciplene:

"Verden og dens frygtelige overraskelser! Vi kører, mens sådan en gammel mand går. I skal alle beslutte jer for at undslippe frygten for *mayas* uforudsigelige omslag. Hvis den ulykkelige mand havde Gudserkendelse, ville fattigdom eller rigdom ikke betyde noget. I det Uendelige bliver alle bevidsthedstilstande forvandlet til én: Evig Ny

Lyksalighed."

❖ ❖ ❖

"Sir, hvilket sted i *En yogis selvbiografi* betragter De som det mest inspirerende for almindelige mennesker?" spurgte en elev. Mesteren tænkte sig om et øjeblik, og sagde så:

"Disse ord af min guru, Sri Yukteswar: 'Glem fortiden. Menneskelig opførsel er altid upålidelig, indtil mennesket er fast forankret i det Guddommelige. Alting i fremtiden vil blive bedre, hvis du gør en åndelig anstrengelse nu.'"

❖ ❖ ❖

"Gud husker os, selvom vi ikke husker Ham," sagde Mesteren. "Hvis Han glemte skabelsen i blot et sekund, ville alting forsvinde sporløst. Hvem andre end Han fastholder denne jordiske mudderkugle på himlen? Hvem andre end Han fremdriver træer og blomsters vækst? Det er udelukkende Vorherre, som sørger for at vores hjerter slår, vores mad fordøjes og vores kropsceller dagligt fornyes. Alligevel er der kun få af Hans børn, der skænker Ham en tanke!"

❖ ❖ ❖

"Sindet," sagde Paramahansaji, "er som en fantastisk elastik, der kan strækkes i det uendelige uden at springe."

❖ ❖ ❖

"Hvordan kan en helgen påtage sig andre menneskers dårlige karma?"[29] spurgte en elev. Mesteren svarede:

"Hvis du så, at en mand ville slå en anden, kunne du stille dig foran det tilsigtede offer og lade slaget ramme dig. Det er det, en stor mester gør. I disciplenes liv kan han mærke, hvornår de negative virkninger af deres tidligere dårlige karma er ved at ramme dem. Hvis han mener, det er klogt, bruger han en særlig metafysisk metode, ved hvilken han overfører konsekvenserne af sine disciples fejl til sig selv. Loven om årsag og virkning virker mekanisk eller matematisk; yogier ved, hvordan man skifter dens strømme.

"Fordi helgener erkender Gud som Evig Eksistens og Uudtømmelig Livsenergi, kan de overleve slag, der ville slå et almindeligt menneske ihjel. Deres sind er uberørt af fysisk sygdom eller verdslig modgang."

---

[29] Se ordlisten. Loven om overførsel af karma er forklaret mere udførligt i kapitel 21 i *En yogis selvbiografi*.

❖ ❖ ❖

Mesteren talte med disciplene om planer for at udvide Self-Realization Fellowships arbejde. Han sagde:

"Husk, at kirken er bistadet, men Vorherre er Honningen. Vær ikke tilfreds med at fortælle folk om åndelige sandheder; vis dem, hvordan de selv kan opnå Gudsbevidsthed."

❖ ❖ ❖

Paramahansaji var utilknyttet, men dog kærlig og altid trofast. En dag sagde han:

"Når jeg ikke ser mine venner, savner jeg dem ikke; men når jeg er sammen med dem, bliver jeg aldrig træt af dem."

❖ ❖ ❖

"Jeg ser Vorherre i Sit univers," sagde Mesteren. "Når jeg ser et smukt træ, er mit hjerte rørt og hvisker: 'Der er Han!' Jeg bøjer mig i tilbedelse af Ham. Gennemtrænger Han ikke hvert eneste atom på jorden? Kunne vores planet overhovedet eksistere uden Guds sammenhængskraft? En sand hengiven ser Ham i alle mennesker og i alle ting; hver en sten bliver til et alter.

"Da Vorherre sagde: 'Du må ikke have andre guder end mig. Du må ikke gøre dig noget udskåret billede';[30] da mente Han, at vi ikke skal lovprise skabelsens genstande højere end Skaberen. Vores kærlighed til Naturen, familie, venner, pligter og besiddelser bør ikke indtage den højeste trone i vores hjerter. Det er der, *Gud* hører til."

❖ ❖ ❖

Efter at have påpeget en discipels fejl, sagde Mesteren:

"Du skal ikke tage dig det nært, at jeg retter dig. Det er fordi, du vinder i kampen mod de egostyrede vaner, at jeg vedbliver at vise dig selvdisciplinens vej. Jeg velsigner dig hele tiden for en strålende fremtid i det gode. Her i aften har jeg advaret dig, så du ikke vænner dig til en mekanisk udførelse af dine åndelige pligter og glemmer dagligt at gøre en dyb og brændende anstrengelse for at finde Gud."

❖ ❖ ❖

En præst fra en anden kirke besøgte en aften

[30] 2. Mosebog 20:3-4.

Paramahansaji. Gæsten sagde modløst:

"Jeg er så forvirret i min åndelige tankegang!"

"Hvorfor prædiker du så?"

"Jeg kan godt lide at prædike."

"Sagde Kristus ikke til os, at den blinde ikke bør lede de blinde?"[31] sagde Mesteren. "Din tvivl forsvinder, hvis du lærer og praktiserer metoden til meditation på Gud, den Eneste Vished. Uden inspiration fra Ham, hvordan kan du så formidle guddommelige erkendelser til andre?"

❖ ❖ ❖

Disciplene lyttede ivrigt i den store hal i Encinitas Hermitage, mens Mesteren talte om ophøjede emner til langt ud på natten.

"Jeg er her for at fortælle jer om den glæde som findes i Gud," sluttede han, "den glæde, som hver af jer frit kan opdage, den glæde, som opfylder mig hvert øjeblik af mit liv. For Han går sammen med mig, Han taler med mig, Han tænker med mig, Han leger med mig, Han vejleder mig på alle måder. 'Herre,' siger jeg til Ham, 'jeg har ingen problemer; Du er altid med mig. Jeg er glad for at være Din tjener, et ydmygt redskab til at

---

[31] Matthæusevangeliet 15:14.

59

hjælpe Dine børn. Det er dit ansvar, hvilke personer eller tildragelser Du bringer mig; jeg vil ikke blande mig i Din plan for mig ved at nære mine egne ønsker.'"

❖ ❖ ❖

"Jeg ved inderst inde, at jeg kun kan finde lykken i Gud. Men der er stadig mange verdslige ting, der tiltrækker mig," sagde en ung mand, som overvejede at indtræde i Self-Realization Ordenen.

"Et barn synes, det er sjovt at lege med mudderkager, men taber interessen for dem, når han bliver ældre," svarede Mesteren. "Når du bliver åndeligt voksen, savner du ikke verdens fornøjelser."

❖ ❖ ❖

Efter et besøg af flere lærde mænd, sagde Mesteren til disciplene:

"Nogle af de intellektuelle som citerer profeterne er som grammofoner. På samme måde som en maskine afspiller optagelser af hellige skrifter uden at forstå meningen, er der mange lærde mennesker som fremsiger den Hellige Skrift uden at være klar over dens sande betydning. De ser ikke skrifternes dybe, livsforvandlende værdier. Fra deres læsning får sådanne mennesker ikke

Gudserkendelse men blot viden om *ord*. De bliver stolte og stridbare."

Han tilføjede: "Det er derfor, at jeg siger til jer alle, at I skal læse mindre og meditere mere."

❖ ❖ ❖

Mesteren sagde: "I skabelsen ser man, at Gud sover i mineralerne, drømmer i blomsterne, vågner i dyrene, og i mennesket[32] *ved* Han, at Han er vågen."

❖ ❖ ❖

Mesteren havde givet rundhåndet af sin tid til disciple og sandhedssøgende. Så søgte han ensomhed og fred i et Self-Realization refugium i ørkenen. Da han og en lille gruppe havde nået deres bestemmelsessted og bilmotoren var slukket, blev Paramahansaji siddende stille i bilen. Han syntes at fordybe sig i ørkenens dybe nattestilhed.

---

[32] "Menneskelegemet var ikke alene et resultat af udviklingen fra dyr, men frembragtes ved en særlig guddommelig skabelsesakt. Dyreformerne var for grove til at udtrykke fuld guddommelighed; som den eneste skabning blev mennesket givet okkulte centre i rygraden og den potentielt alvidende 'tusindbladede lotus' i hjernen." – *En yogis selvbiografi*

Paramahansaji med gæsterne Amala og Uday Shankar, fremstående hinduistiske klassiske dansekunstnere, og deres selskab af dansere og musikere; Self-Realization Ashram Center, Encinitas, Californien, 1950.

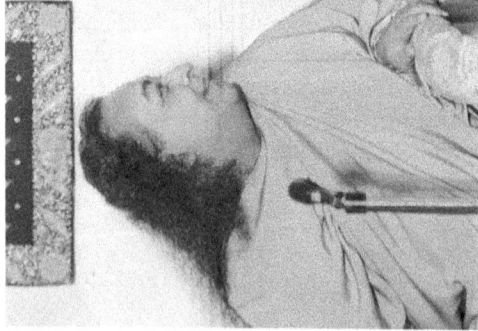

Sri Yogananda og tidligere californisk viceguvernor Goodwin J. Knight, som deltog i indvielsen af India Hall i Hollywood Self-Realization Ashram Center, 1951.

Omsider sagde han:

"Hvor der er en brønd, samles tørstige mennesker. Men sommetider kan brønden til en forandring godt lide at være ubesøgt."

❖ ❖ ❖

"Indeni din fysiske form findes en hemmelig dør til det guddommelige,"[33] sagde Mesteren. "Fremskynd din udvikling ved rigtig kost, sund livsstil og ærbødighed for kroppen som Guds tempel. Luk op for dets hemmelige dør i rygraden ved udøvelse af videnskabelig meditation."

❖ ❖ ❖

"Jeg har altid ønsket at søge Gud, Mester, men jeg vil

[33] Som det eneste blandt Sine skabninger, har Vorherre forsynet menneskets legeme med hemmelige centre i rygraden, hvis vækkelse (ved yoga eller i nogle tilfælde intens, hengiven inderlighed) skænker guddommelig oplysning. Derfor siger de hinduistiske skrifter (1) at menneskekroppen er en værdifuld gave, og (2) at man ikke kan frigøre sig fra sin materielle karma uden en fysisk krop. Man bliver reinkarneret på jorden igen og igen, indtil man er en mester. Først da vil menneskekroppen have opfyldt det formål, den blev skabt til. (Se *reinkarnation* i ordlisten).

gerne giftes," sagde en elev. "Tror De ikke, jeg alligevel kan opnå det Guddommelige Mål?"

"Et ungt menneske, som gerne vil starte med at stifte familie og tror at han senere vil søge Gud, kan begå en alvorlig fejl," svarede Mesteren. "I det gamle Indien blev børn oplært i selvdisciplin i en ashram. I dag er der mangel på den form for træning overalt i verden. Det moderne menneske har ikke megen kontrol over sine sanser, impulser, sindsstemninger og ønsker. Han påvirkes hurtigt af sine omgivelser. I de fleste tilfælde stifter han familie og blive overbebyrdet med verdslige pligter. Han glemmer som regel at bede selv den mindste bøn til Gud."

❖ ❖ ❖

"Hvorfor er lidelse så udbredt på jorden?" spurgte en elev. Mesteren svarede:

"Der er mange grunde til lidelse. En af grundene er at forhindre, at man lærer for meget af andre mennesker og ikke tilstrækkeligt af sig selv. Smerte tvinger før eller siden mennesker til at tænke: 'Er der et princip om årsag og virkning, som påvirker mit liv? Skyldes mine problemer min fejlagtige tankegang?'"

❖ ❖ ❖

I erkendelse af den byrde, en helgen påtager sig for at hjælpe andre, sagde en elev en dag til Paramahansaji:

"Sir, når den tid kommer, vil De uden tvivl være glad for at forlade denne jord og aldrig vende tilbage."

"Så længe der er mennesker i denne verden, som råber om hjælp, vender jeg tilbage i min båd og tilbyder at sejle dem til de himmelske kyster," svarede Guruen.

"Skulle jeg glæde mig over frihed mens andre lider? Når jeg ved, at de lever i elendighed (som jeg selv ville gøre, hvis ikke Gud havde vist mig Sin nåde), ville jeg ikke fuldt ud kunne nyde Hans uudsigelige lyksalighed."

❖ ❖ ❖

"Undgå en negativ holdning til livet," sagde Mesteren til en gruppe disciple. "Hvorfor stirre ned i kloakker, når der er skønhed alle vegne omkring os? Man kan finde fejl i selv de største mesterværker inden for kunst, musik og litteratur. Men er det ikke bedre at glæde sig over deres charme og herlighed?

"Livet har en lys og en mørk side, for relativitetens verden består af lys og skygger. Hvis I tillader jeres tanker at dvæle ved det onde, bliver I selv grimme. Se kun det gode i alting, så I kan absorbere skønhedens kvalitet."

❖ ❖ ❖

"Mester, jeg er kun bevidst om mit nuværende liv. Hvorfor har jeg ingen erindring om tidligere inkarnationer[34] og ingen forudviden om en fremtidig eksistens?" spurgte en discipel. Paramahansaji svarede:

"Livet er som en stor kæde i Guds ocean. Når et stykke af kæden trækkes op af vandet, kan man kun se det lille stykke. Begyndelsen og enden er skjult. I denne inkarnation ser du kun ét led i livets kæde. Fortiden og fremtiden, skønt usynlige, findes stadig i Guds dyb. Han afslører deres hemmeligheder til hengivne, som er i samklang med Ham."

❖ ❖ ❖

"Tror De på, at Kristus er guddommelig?» spurgte en besøgende. Mesteren svarede:

"Ja. Jeg elsker at tale om ham, fordi han var et menneske med perfekt Selverkendelse. Dog var han ikke Guds *eneste* søn, og det påstod han heller ikke. Derimod sagde han klart, at de, der udfører Guds vilje, bliver ét med Ham, ligesom han selv var. Var det ikke Jesu mission her på jorden at minde alle mennesker om, at Vorherre er deres Himmelske Fader, og at vise dem vejen tilbage til Ham?"

[34] Se *reinkarnation* i ordlisten.

❖ ❖ ❖

"Det kan ikke være rigtigt, at den Himmelske Fader skulle tillade så meget elendighed i verden," bemærkede en elev. Paramahansaji svarede:

"Der eksisterer ingen grusomhed i Guds plan, for i Hans øjne er der hverken godt eller ondt – kun billeder af lys og skygge. Herren havde til hensigt, at vi skulle betragte livets dualistiske optrin, som Han også Selv gør – det evigt muntre Vidne til et formidabelt kosmisk drama.

"Mennesket har fejlagtigt identificeret sig selv med pseudosjælen eller egoet. Når han overfører sin identitetsfølelse til sit sande væsen, nemlig den udødelige sjæl, opdager han, at al smerte er uvirkelig. Så kan han ikke længere så meget som *forestille* sig den lidelsesfulde tilstand."

Guruen tilføjede: "Store mestre, som kommer til jorden for at hjælpe deres forvildede brødre, har Guds tilladelse til at dele menneskers sorg med en vis del af deres sind; men den sympatiske deltagelse i menneskelige følelser forstyrrer ikke de dybere bevidsthedslag, hvor helgener udelukkende oplever uforanderlig lyksalighed."

❖ ❖ ❖

Mesteren sagde ofte til de hengivne: "En sang, som I hele tiden skal nynne – uhørt af nogen – er 'Min Herre, jeg vil være Din for evigt.'"

❖ ❖ ❖

En hengiven havde besluttet sig til at forlade ashramen. Han sagde til Paramahansaji:

"Uanset hvor jeg er, vil jeg altid meditere og følge Deres lære."

"Nej, det vil du ikke kunne," svarede Mesteren. "Din plads er her. Hvis du vender tilbage til dit gamle liv, glemmer du denne vej."

Disciplen rejste væk. Han holdt op med at meditere og lod sig opsluge af verdslighed. Guruen sørgede over sit "mistede får". Til disciplene sagde han:

"Det onde har sin magt. Hvis I holder med det, vil det fastholde jer. Når I træder ved siden af, så vend omgående tilbage til retfærdighedens veje."

❖ ❖ ❖

"Hvis en mand sagde til jer: 'Jeg er Gud', ville I ikke tro han talte sandhed," sagde Mesteren til en gruppe disciple. "Men vi kan alle med rette sige: 'Gud er blevet til mig.' Hvilket andet materiale kunne vi være lavet af?

Han er skabelsens eneste stof. Før Han manifesterede fænomenernes verdener, eksisterede der intet ud over Ham Selv som Ånd. Af Sit eget væsen skabte Han alt: universet og menneskenes sjæle."

❖ ❖ ❖

"Burde jeg læse bøger?" spurgte en discipel.

"At læse skrifterne vækker større ildhu efter Gud, hvis du læser versene langsomt og prøver at tilegne dig deres dybe mening," svarede Mesteren. "At læse hellig litteratur uden at følge dens forskrifter fører til forfængelighed, falsk tilfredsstillelse, samt det jeg kalder 'intellektuelt fordøjelsesbesvær'.

"Mange mennesker er nødt til give deres opmærksomhed til verdslige bøger for at brødføde sig selv; men forsagere som dig selv bør ikke læse ureligiøse værker, dem som ikke har Gud på siderne."

❖ ❖ ❖

"Gennemgår skabelsen virkelig en udviklingsproces?" spurgte en discipel.

"Udviklingen er en idé fra Gud i menneskets sind, og det er sandt i relativitetens verden," svarede Mesteren. "I virkeligheden sker alting i nuet. I Ånden er der ingen udvikling, ligesom der heller ikke er nogen forandring i den lysstråle, igennem hvilken alle de skiftende scener manifesteres på biograflærredet. Vorherre kan spole skabelsens levende billeder frem eller tilbage, men i virkeligheden sker det hele i et evigt *nu*."

❖ ❖ ❖

"Hvis man arbejder for Vorherre og ikke for sig selv, er det så forkert at være ambitiøs?" spurgte en discipel.

"Nej, I skal være ambitiøse med hensyn til at udføre arbejde for Gud," sagde Mesteren. "Hvis jeres vilje er svag og jeres ambition er død, så har I allerede mistet livet. Men lad ikke ambitionen skabe verdslig tilknytning.

"At søge noget kun for sin egen skyld er ødelæggende; at søge noget for andres skyld er udvidende; men at søge at behage Gud er den bedste holdning. Den fører dig direkte til det Guddommelige Nærvær."

❖ ❖ ❖

"Jeg er tiltrukket af livet i en ashram," sagde en mand til Paramahanasaji, "men jeg er betænkelig ved at opgive min frihed."

"Uden Gudserkendelse har du kun ringe frihed," svarede Mesteren. "Dit liv styres af indskydelser, luner, stemninger, vaner og omgivelser. Når du følger en gurus vejledning og accepterer hans disciplin, vil du lidt efter lidt frigøre dig fra sansernes slaveri. Frihed betyder kraften til at handle efter sjælens vejledning, ikke efter ønsker og vaners tvang. At adlyde egoet fører til trældom; at adlyde sjælen bringer frigørelse."

◆ ◆ ◆

"Sir, er der en videnskabelig metode, ud over *Kriya Yoga*, som fører en hengiven til Gud?" spurgte en elev.

"Ja," sagde Mesteren. "En sikker og hurtig vej til det Uendelige er at fastholde sin opmærksomhed på centeret for Kristus-Bevidstheden[35] mellem øjenbrynene."

◆ ◆ ◆

"Er det forkert at tvivle? Jeg bryder mig ikke om at tro blindt," sagde en elev. Mesteren svarede:

"Der findes to slags tvivl: destruktiv og konstruktiv. Destruktiv tvivl er vanemæssig skepsis. De, som dyrker den holdning mistror blindt; de skyr arbejdet ved upartiske undersøgelser. Skepticisme er støj i ens mentale radio, så man mister sandhedens program.

---

[35] Se *åndeligt øje* i ordlisten.

71

"Konstruktiv tvivl er intelligente spørgsmål og en fair undersøgelse. De, der dyrker den holdning dømmer ikke på forhånd eller ud fra, hvad andre mennesker mener. På den åndelige vej baserer de konstruktive tvivlere deres slutninger på undersøgelser og personlig erfaring: den rigtige vej til sandhed."

❖ ❖ ❖

"Hvorfor skulle Gud uden videre overgive Sig til jer?" sagde Mesteren under et foredrag. "I, som arbejder så hårdt for penge og så lidet for guddommelig erkendelse! De hinduistiske helgener siger, at hvis blot vi ville give så lidt som fireogtyve timer til vedblivende, uafbrudt bøn, så ville Vorherre vise Sig for os eller vise Sin tilstedeværelse for os på anden vis. Hvis vi giver blot én time om dagen til dyb meditation på Ham, vil Han med tiden komme til os."

❖ ❖ ❖

Paramahansaji havde rådet en vis discipel med intellektuelle tilbøjeligheder til at prøve at udvikle hengivenhed. Han syntes, at den unge mand gjorde godt fremskridt, og Mesteren sagde en dag kærligt til ham:

"Hold dig støt på hengivelsens vej. Hvor var dit liv dog

'tørt', dengang du udelukkende afhang af dit intellekt!"

❖ ❖ ❖

"Begær er de mest ubønhørlige af menneskets fjender; man kan ikke stille dem tilfreds," sagde Mesteren. "Hav kun ét ønske: at kende Gud. At tilfredsstille sansernes ønsker kan ikke tilfredsstille jer, for I er ikke sanserne. De er kun jeres tjenere, ikke jeres Selv."

❖ ❖ ❖

Engang da Paramahansaji og disciplene sad ved kaminen i ashramens opholdsstue og talte om åndelige emner, sagde Mesteren:

"Forestil jer to mænd. På højre side har de livets dal og på venstre side dødens dal. De er begge fornuftige mennesker, men den ene går til højre og den anden til venstre. Hvorfor? Fordi den ene har brugt sin skelneevne korrekt, mens den anden har misbrugt evnen ved at give efter for falske rationaliseringer."

❖ ❖ ❖

"Mester, var Dr. Lewis ikke Deres første disciel her

i landet?"

Paramahansaji svarede: "Det siger man." Da han så, at spørgeren blev lidt forbløffet, tilføjede Mesteren: "Jeg siger aldrig, at andre mennesker er mine disciple. Det er Gud, der er Guruen; de er Hans disciple."

❖ ❖ ❖

En elev beklagede sig over, at aviserne som regel var fyldt af beretninger om verdens onde.

"Det onde spredes med vinden," sagde Mesteren. "Sandheden kan vandre imod vinden."

❖ ❖ ❖

Mange var nysgerrige efter at vide, hvor gammel Mesteren var. Så lo han og sagde:

"Jeg har ingen alder. Jeg eksisterede før atomerne og før skabelsens daggry."

Han gav disciplene dette råd:

"Sig denne sandhed til jer selv: 'Jeg er det uendelige Ocean, som er blevet til mange i bølgerne. Jeg er evig og udødelig. Jeg er Ånd.'"

❖ ❖ ❖

"Hvad forhindrer jorden i at forlade sin bane?" spurgte Paramahansaji en discipel.

"Sir, det er centripetalkraften eller solens tiltrækningskraft, der forhindrer jorden i at blive tabt i verdensrummet," svarede den unge mand.

"Men hvad forhindrer så jorden i at blive trukket helt ind i solen?" fortsatte Mesteren.

"Sir, jordens centrifugalkraft ved hvilken den holder en bestemt afstand fra solen."

Mesteren smilede sigende. Senere forstod disciplen, at Paramahansaji havde talt allegorisk om Gud som den tiltrækkende Sol, og det egoistiske menneske som jorden, der "holder sig på afstand".

◆ ◆ ◆

En elev forsøgte at forstå hvad Gud er ved mental analyse. Mesteren sagde:

"Tro ikke, at du kan forstå den Uendelige Herre ved logik. Fornuft kan kun forklare princippet om årsag og virkning, som gælder i fænomenernes verden. Fornuft er magtesløs til at forstå transcendental sandhed og det Ubegrundede Absoluttes natur.

"Menneskets fornemste evne er ikke logik, men intuition: opfattelse af viden, som kommer direkte og spontant fra sjælen og ikke fra det mangelfulde mellemled af sanser eller af fornuft."

❖ ❖ ❖

Mesteren afgjorde engang en meningsforskel mellem to elever ved at sige: "Menneskeheden har kun én virkelig fjende – uvidenhed. Lad os alle samarbejde om at udrydde den, mens vi hjælper og opmuntrer hinanden på vejen."

❖ ❖ ❖

"Hvordan kunne Gud, det Umanifesterede Absolutte, vise Sig i synlig form[36] for en hengiven?" spurgte en mand. Mesteren sagde:

"Hvis man tvivler, ser man ikke; og hvis man ser, tvivler man ikke."

❖ ❖ ❖

"Men, sir," sagde en discipel undskyldende, "jeg var ikke klar over, at mine ord ville gøre M—— ked af det." Mesteren svarede:

---

[36] Se *Guddommelige Moder* i ordlisten.

"Selv når vi bryder en lov uden at vide det, eller uforvarende sårer en anden, så har vi ikke desto mindre begået en forseelse. Det er egoismen, der vildleder os. Helgener handler ikke uklogt, for de har forsaget egoet og har fundet deres sande identitet i Gud."

❖ ❖ ❖

En discipel udtrykte afsky for en person, hvis forbrydelser lige var blevet omtalt i aviserne.

"Jeg har ondt af en mand, der er syg," sagde Mesteren. "Hvorfor skulle jeg hade en mand, som er sunket ned i ondskab? Han er *virkelig* syg."

❖ ❖ ❖

"Når siderne i et reservoir ødelægges," sagde Mesteren, "strømmer vandet ud i alle retninger. På samme måde, når begrænsninger af rastløshed[37] og vrangforestillinger fjernes ved meditation, spredes menneskets bevidsthed ud til uendeligheden og forenes med Åndens allestedsnærværelse."

❖ ❖ ❖

[37] Se *vejrtrækning* i ordlisten.

"Hvorfor giver Vorherre os familier, hvis Han ikke vil have, at vi skal elske dem højere, end vi elsker andre mennesker?" spurgte en elev.

"Ved at anbringe os i familier giver Gud os lejlighed til at overvinde selviskhed og gøre det nemmere for os at tænke på andre," svarede Mesteren. "Ved venskab giver Han os mulighed for yderligere at udvide vores medfølelse. Og selv det er ikke slutningen; vi må fortsætte med at udvide vores kærlighed, indtil den bliver guddommelig og omfatter alle væsener alle steder. Hvordan skulle vi ellers kunne opnå enhed med Gud, som er alles Fader?"

◆ ◆ ◆

Guds tålmodige kærlighed kom hjertegribende til udtryk, da Guruen sagde: "I ét af Sine aspekter, et meget rørende aspekt, kan Vorherre siges at være en tigger. Han længes inderligt efter vores opmærksomhed. Universets Herre, som kan få alle stjerner, sole, måner og planeter til at skælve ved Sit blik, løber efter mennesket og siger: 'Vil du ikke nok give Mig din kærlighed? Elsker du ikke Mig, Giveren, højere end de ting, Jeg har skabt til dig? Vil du ikke søge Mig?'

"Men mennesket siger: 'Jeg har for travlt lige nu. Jeg

Paramahansa Yogananda taler ved indvielsen af Self-Realization
Fellowship Lake Shrine og Gandhis Verdensfredsmindesmærke,
Pacific Palisades, Californien, 1950.

kan ikke tage mig tid til at søge Dig.'

"Og Vorherre siger: 'Så venter Jeg.'"

❖ ❖ ❖

Mesteren holdt foredrag om skabelsen og hvorfor Vorherre havde startet den. Disciplene stillede mange spørgsmål. Paramahansaji lo og sagde:

"Dette liv er en mesterlig roman, skrevet af Gud, og man ville blive vanvittig, hvis man forsøgte at forstå den udelukkende ved hjælp af logisk tænkning. Det er derfor, jeg siger, at I skal meditere mere. Udvid jeres intuitions magiske kop, så kan I rumme det ubegrænsede visdoms hav."

❖ ❖ ❖

"Jeg forstår, at De har to slags medlemmer – nogle som lever i verden, og verdensforsagere, som bor i ashramen," sagde en besøgende. "Hvilken af dem følger den bedste vej?"

"Nogle mennesker elsker Gud så højt, at intet andet har betydning. De bliver verdensforsagere og arbejder her kun for Vorherre," svarede Mesteren. "De, der er nødt til at arbejde ude i samfundet for at forsørge sig selv og deres familier, er ikke udelukket fra det guddommelige samvær. Normalt tager det dem bare længere at finde Gud, det er det hele."

◆ ◆ ◆

En mand klagede over, at alt gik dårligt for ham. "Det må være min karma," sagde han. "Der er ikke rigtig noget, der vil lykkes for mig."

"Så skal du anstrenge dig mere," svarede Mesteren. "Glem fortiden og hav større tillid til Gud. Vores skæbne er ikke forudbestemt af Ham; og karma er ikke den eneste faktor, selvom vores liv er *påvirket* af vores tidligere tanker og tidligere handlinger. Hvis du ikke er tilfreds med den måde, dit liv udvikler sig på, så må du lave om på mønsteret. Jeg bryder mig ikke om at høre folk sukke og tilskrive deres nuværende fiasko til fejltagelser i tidligere liv; det er åndelig dovenskab. Kom i gang med at luge dit livs have."

◆ ◆ ◆

"Hvorfor straffer Gud ikke dem, der spotter Hans navn?" spurgte en elev. Mesteren sagde:

"Gud bevæges hverken af uoprigtige bønner og lovprisninger eller af uvidende ateistiske udbrud. Han svarer kun mennesker gennem lov. Hvis man slår på en sten med knoerne eller hvis man drikker svovlsyre, må man tage konsekvenserne. Hvis man bryder Hans livslove, kommer lidelsen. Hvis man tænker rigtigt og opfører sig ædelt, kommer freden. Hvis man elsker Gud ubetinget, kommer *Han!*"

◆ ◆ ◆

"Den største er den, der anser sig selv for at være den mindste, som Jesus fortalte os," sagde Paramahansaji. "Den sande leder er den, som først har lært lydighed mod andre, som ser sig selv som alles tjener, og som aldrig sætter sig selv på en piedestal. De, der ønsker smiger, fortjener ikke vores beundring, men den der tjener os, har ret til vores kærlighed. Er Gud ikke Sine børns tjener, og beder Han om lovprisning? Nej, Han er for mægtig til at lade Sig bevæge af det."

◆ ◆ ◆

Mesteren rådgav Self-Realizations præster om, hvordan de skulle forberede deres prædikener. Han sagde:

"Først skal I meditere dybt. Og tænk så på emnet for jeres tale, mens I stadig holder fast i den følelse af fred, som kommer fra meditationen. Skriv jeres idéer ned og tag også én eller to sjove historier med, for folk elsker at le; og slut af med et citat fra *SRF Lektionerne*.[38] Læg derefter jeres notater væk og glem det hele. Lige før I holder jeres prædiken i kirken, skal I bede Ånden om at flyde gennem jeres ord. På den måde får I inspiration, ikke fra egoet, men fra Gud."

◆ ◆ ◆

En kvinde fortalte Guruen, at selvom hun regelmæssigt kom til hans tempelgudstjenester, følte hun sig alligevel ikke nærmere til Gud. Paramahansaji svarede:

"Hvis jeg fortæller dig, at en frugt har en bestemt farve, og at den er sød, og hvordan den vokser, så forstår du alligevel kun det uvæsentlige ved den. For at vide præcis hvordan den smager, er du nødt til selv at spise den. På samme måde er du er nødt til at opleve sandheden, før du kan erkende den."

Han tilføjede: "Jeg kan kun vække din appetit for guddommelig frugt. Hvorfor ikke bare komme i gang og tage en bid?"

◆ ◆ ◆

[38] Se ordlisten.

"Vi er alle bølger i Oceanets skød," sagde Mesteren. "Havet kan eksistere uden bølgerne, men bølgerne kan ikke eksistere uden havet. Ligeledes kan Ånden eksistere uden mennesket, men mennesket kan ikke eksistere uden Ånden."

❖ ❖ ❖

En discipel kæmpede med at overvinde sine svagheder, men uden megen succes. Til ham sagde Mesteren:

"Lige nu beder jeg dig ikke om at overvinde *maya*. Det eneste, jeg beder dig om, er at *gøre modstand* mod det."

❖ ❖ ❖

Til en ny elev, som meget gerne ville undslippe livets prøvelser, sagde Mesteren:

"Den Guddommelige Læge holder dig indlagt på den verdslige vildfarelses sygehus, indtil du er helbredt for den sygdom, der består i ønsker om materielle ting. Derefter lader Han dig komme Hjem."

❖ ❖ ❖

Under et foredrag på østkysten mødte Mesteren
en fremtrædende forretningsmand. Under samtalen
bemærkede manden:

"Jeg er uanstændigt sund og uanstændigt rig."

"Men De er ikke uanstændigt lykkelig, er De?"
svarede Mesteren.

Det måtte manden indrømme, og han blev en
hengiven tilhænger af Paramahansajis *Kriya Yoga* lære.

❖ ❖ ❖

Mesteren henviste til det bibelske skriftsted "Se, jeg
står ved døren og banker; om nogen hører min røst og
åbner døren, da vil jeg gå ind til ham, og jeg vil holde
nadver med ham, og han med mig,"[39] og sagde:

"Kristus prøver at komme ind ad dit hjertes dør, men
du har låst den med ligegyldighed."

❖ ❖ ❖

"Sir, det er godt, at De underviser i Amerika netop nu.
Efter to verdenskrige er folk mere modtagelige overfor
Deres åndelige budskab," bemærkede en mand, som lige
havde læst *En yogis selvbiografi.*

[39] Johannes' Åbenbaring 3:20.

"Ja," svarede Mesteren. "For halvtreds år siden ville de have været ligeglade. 'Alting har sin stund, og hver en ting under himlen sin tid.'"[40]

◆ ◆ ◆

Self-Realization Fellowship, den organisation, som Mesteren havde grundlagt til at udbrede sin lære, voksede hurtigt, og Mesteren lagde mærke til, at nogle af disciplene var ved at blive helt opslugt af arbejde. Han advarede dem: "Hav aldrig så travlt, at I ikke har tid til i hemmelighed at synge til Vorherre: 'Du er min; jeg er Din.'"

◆ ◆ ◆

Mesteren havde lagt mærke til, at en disciel var sunket ned i en trist stemning, og sagde blidt:
"Når lidelsens torn gennemborer dit hjerte, så tag den ud ved hjælp af meditationens torn."

◆ ◆ ◆

"Dette er ikke en vej for den dovne," sagde Mesteren

---

[40] Prædikernes Bog 3:1.

under en lille velkomsttale til en ny beboer i Mt. Washington Centeret. "Den ugidelige kan ikke finde Gud, den Formidable Skabelsesarbejder! Han hjælper ikke dem, der tror, at Han skal gøre hele arbejdet. Han hjælper i hemmelighed dem, der udfører deres pligter muntert og forstandigt, og som siger: 'Herre, det er Dig, der virker gennem min hjerne og mine hænder.'"

❖ ❖ ❖

En elev beklagede sig over, at han havde for travlt til at meditere. Mesterens svar var kortfattet:

"Hvad hvis Gud havde for travlt til at passe på dig?"

❖ ❖ ❖

"Den menneskelige krop er en guddommelig idé i Guds sind," sagde Mesteren. "Han skabte os af stråler af udødeligt lys[41] og indesluttede os i en pære af kød. Vi har rettet vores opmærksomhed mod den forgængelige pæres skrøbelighed i stedet for på den evige livsenergi i den."

[41] "Hvis derfor dit øje er enkelt, *er hele dit legeme lyst*" (Matthæusevangeliet 6:22).

87

❖ ❖ ❖

"Gud synes at være tåget og langt væk," sagde en elev.

"Når Vorherre synes at være fjern, er det kun fordi din opmærksomhed er rettet udad mod Hans skabelse og ikke indad mod Ham," sagde Mesteren. "Når dit sind vandrer i en labyrint af utallige verdslige tanker, skal du tålmodigt lede det tilbage til erindringen om den iboende Herre. Med tiden vil du se, at Han altid er hos dig – en Gud, der taler med dig på dit eget sprog, en Gud, hvis ansigt titter frem fra hver en blomst, hver busk og hvert græsstrå.

"Så vil du sige: 'Jeg er fri! Jeg er klædt i Åndens lette flor; jeg flyver fra jorden til himlen på lysets vinger.' Og hvilken glæde vil overvælde dit væsen!"

❖ ❖ ❖

"Ved De, hvor højt åndeligt udviklet en person er, bare ved at se på ham?" spurgte en discipel Paramahansaji.

"Med det samme," svarede Mesteren stille. "Jeg ser folks skjulte side, fordi det er mit arbejde i livet. Men jeg taler ikke om det, jeg ser. Den, som egoistisk påstår, at han ved, ved det ikke. Den, der virkelig ved, fordi han kender Gud, forbliver tavs."

❖ ❖ ❖

En discipel bad igen og igen Mesteren om at give hende Gudsbevidsthed, men gjorde intet for at forberede sig på en sådan tilstand. Til hende sagde Mesteren:

"En, der virkelig elsker Gud, kan vække sine dovne brødres og søstres lyst til at vende tilbage til deres hjem i Ham; men de må selv, skridt for skridt, foretage den egentlige rejse."

❖ ❖ ❖

Hvert år på juleaftensdag samledes disciplene med Mesteren i Mt. Washington Centeret for at meditere. Den hellige stund varede som regel hele dagen og et stykke af aftenen med. Under julemeditationen i 1948 viste den Guddommelige Moder sig for Mesteren, og de overvældede disciple hørte ham tale til Hende. Han udbrød mange gange med et dybt suk:

"Åh, Du er så smuk!"

Paramahansaji fortalte mange af de tilstedeværende disciple om Hendes ønsker for deres liv. Pludselig udbrød han:

"Gå ikke væk! Du siger, at disse menneskers underbevidste materielle ønsker driver Dig væk? Åh, kom tilbage! Kom tilbage!"

89

❖ ❖ ❖

"Jeg har aldrig kunnet tro på himlen, Mester," sagde en ny elev. "Findes der virkelig sådan et sted?"

"Ja," svarede Paramahansaji. "De, der elsker Gud og sætter deres lid til Ham, kommer dertil når de dør. På det astrale plan[42] har man magt til at materialisere hvad som helst med det samme, blot ved at tænke det. Den astrale krop består af glitrende lys. I disse sfærer findes der farver og lyde, som jorden ikke kender til. Det er en smuk og glædelig verden, men selv oplevelsen af himlen er ikke den højeste tilstand. Man opnår den højeste salighed, når man overskrider fænomenernes sfære og erkender Gud og sig selv som Absolut Ånd."

❖ ❖ ❖

"Når diamanten og kulstykket ligger side om side, modtager de begge solens stråler lige meget; men indtil kulstykket bliver til en diamant, hvid og klar, kan det ikke reflektere sollyset," sagde Mesteren. "På samme måde kan et almindeligt menneske, som åndeligt set er mørkt, ikke sammenlignes i skønhed med den rensede hengivne, som kan reflektere Guds lys."

---

[42] Se *astrale verdener* i ordlisten.

❖ ❖ ❖

"I skal ikke deltage i sladder og sprede rygter," sagde Mesteren til en gruppe disciple. "Hvis man giver en løgn et forspring på fireogtyve timer, kan den sommetider blive nærmest udødelig.

"En mand, som engang boede i ashramen, fortalte tit usandheder om andre. En dag startede han et grundløst rygte om en dreng. Da det nåede mine ører, hviskede jeg en harmløs, men falsk historie om manden til nogle få personer.

"Han kom til mig og sagde indigneret: 'Hør, hvad alle mennesker her siger om mig!' Jeg lyttede høfligt. Da han var færdig, bemærkede jeg:

"'Det bryder du dig ikke om, vel?'

"'Selvfølgelig ikke!'

"'Nu ved du, hvordan drengen følte, da de andre gentog den løgn, du havde fortalt om ham.' Manden blev forlegen. Jeg fortsatte: 'Det var mig, der først spredte den historie om dig. Jeg gjorde det for at lære dig noget om betænksomhed overfor andre – noget, du ikke kunne lære på nogen anden måde.'"

❖ ❖ ❖

"I skal gå dybt i meditation," sagde Mesteren til

en gruppe disciple. "Så snart I tillader jer selv at blive rastløse, begynder de gamle problemer igen: ønsker om sex, vin og penge."

◆ ◆ ◆

"Det er som om man ikke har megen fri vilje," bemærkede en elev. "Mit liv er på så mange måder fastlagt."

"Vend dig imod Gud, og du vil se, at du ryster vanernes og omgivelsernes lænker af dig," svarede Mesteren. "Selvom livets drama er styret af en kosmisk plan, kan man ændre sin rolle ved at ændre sin bevidstheds centrum. Selvet som identificerer sig med egoet er bundet; Selvet som identificerer sig med sjælen er frit."

◆ ◆ ◆

En gæst i Mt. Washington Centeret sagde til Paramahansaji:

"Jeg tror på Gud. Men Han hjælper mig ikke."

"Der er forskel på tro på Gud og tillid til Gud," svarede Mesteren. "En tro er værdiløs, hvis man ikke sætter den på prøve og lever efter den. Tro, der bliver omsat til erfaring, bliver til tillid. Det er derfor, profeten Malakias sagde til os: '*Sæt mig på prøve dermed*, siger

Hærskarers Herre, om ikke jeg åbner himlens vinduer for jer og udøser velsignelse uden mål over jer.'"[43]

❖ ❖ ❖

En elev havde begået en alvorlig fejl. Hun jamrede: "Jeg har altid dyrket gode vaner. Det er næsten utroligt, at den ulykke skulle være sket for mig."

"Din fejl var at stole for blindt på gode vaner, og at forsømme konstant at udøve god dømmekraft," sagde Mesteren. "Dine gode vaner hjælper dig i almindelige og velkendte situationer, men de er ikke altid tilstrækkelige til at vejlede dig, når der opstår nye problemer. Så er det nødvendigt at bruge sin skelneevne. Ved dybere meditation lærer du at vælge den rigtige kurs i alting, også når du bliver konfronteret med ekstraordinære omstændigheder." Han tilføjede:

"Et menneske er ikke en robot og kan derfor ikke altid opføre sig klogt, blot ved at følge fastlagte regler og stive moralske forskrifter. I dagliglivets mange forskellige problemer og begivenheder finder vi mulighed for at udvikle god dømmekraft."

❖ ❖ ❖

[43] Malakias' Bog 3:10.

93

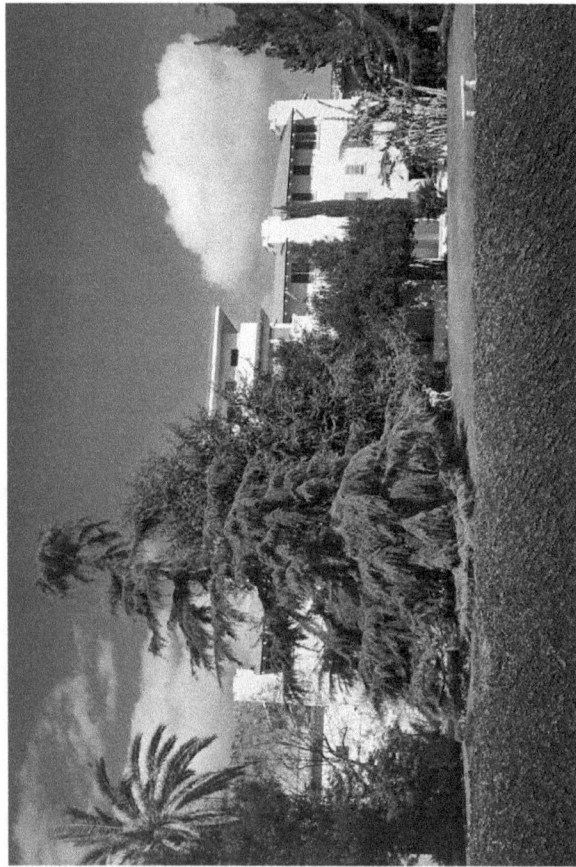

Det Internationale Hovedkvarter, Self-Realization Fellowship/Yogoda Satsanga Society of India; på Mt. Washington, Los Angeles, Californien.

En dag påtalte Paramahansaji en munks dårlige opførsel. Disciplen spurgte "Men sir, De vil da tilgive mig, ikke?"

Mesteren sagde "Ja, hvad andet kan jeg gøre?"

❖ ❖ ❖

En stor gruppe kvindelige disciple, både unge og gamle, spiste frokost med Mesteren på grunden ved Self-Realization Ashram Center i Encinitas med udsigt over Stillehavet. Paramahansaji sagde:

"Hvor meget bedre er dette ikke, end rastløse verdslige menneskers tidsfordriv. Hver af jer bliver rig på fred og lykke. Gud ønsker, at Hans børn skal leve enkelt og være tilfredse med uskyldige fornøjelser."

❖ ❖ ❖

"Vær ikke optaget af andres fejl," sagde Mesteren. "Brug visdommens skurepulver til at holde stuerne i dit eget sind rene og pletfri. Ved dit eksempel bliver andre mennesker inspireret til at gøre rent i deres eget hus."

❖ ❖ ❖

To disciple, som med urette var vrede på en af deres

brødre, tog deres beklagelse til Mesteren. Han lyttede i
stilhed. Da de var færdige, sagde han: "I skal ændre jer
selv."

❖ ❖ ❖

"Led dine børns vilje i den rigtige retning, væk fra
selviskhed og følgende ulykkelighed," sagde Mesteren til
en mor. "Indskrænk ikke deres frihed og modsæt dig dem
ikke unødigt. Giv dem dine råd med kærlighed og med
forståelse for, hvor vigtigt det er for dem at have deres
egne små ønsker. Hvis du straffer dem i stedet for at tale
fornuft med dem, mister du deres tillid. Hvis et barn er
stædigt, så forklar barnet dit synspunkt én gang og sig så
ikke mere. Lad ham få sine egne små knubs; de vil lære
ham skelneevne hurtigere end nogen rådgivning."

[Når han underviste sin åndelige familie af disciple,
fulgte Paramahansaji sit eget råd. Han hjalp "børn" i alle
aldre med at udvikle deres vilje på den rigtige måde. Hans
råd blev givet med kærlighed og fuld forståelse for hver
enkelt hengivnes særlige behov og natur. Han irettesatte
sjældent nogen to gange; han påpegede en enkelt gang en
svaghed hos en discipel og forblev derefter tavs om den.]

❖ ❖ ❖

"Det er svært at være i nærheden af en velduftende rose eller et ildelugtende stinkdyr uden at blive påvirket af det," sagde Mesteren. "Derfor er det bedre kun at omgås menneskelige roser."

❖ ❖ ❖

"Jeg kan godt lide Deres lære. Men er De kristen?" Det var første gang, spørgeren talte med Paramahansaji. Guruen svarede:

"Sagde Kristus ikke til os: 'Ikke enhver, der siger: Herre, Herre! til mig, skal komme ind i Himmeriget, men kun den, der gør min himmelske Faders vilje.'?[44]

"I Bibelen betyder ordet *hedning* en afgudsdyrker: én, hvis opmærksomhed er rettet, ikke mod Vorherre, men mod verdens tillokkelser. En materialistisk indstillet person kan godt gå i kirke om søndagen og alligevel være hedning. Den, der altid holder et indre lys tændt til erindring om den Himmelske Fader og som adlyder Jesu forskrifter, er kristen." Han tilføjede: "De må selv afgøre, om De mener, jeg er kristen eller ej."

❖ ❖ ❖

[44] Matthæusevangeliet 7:21.

"Du ser, hvor godt det er at arbejde for Vorherre," sagde Mesteren til en villig og samvittighedsfuld discipel. "Følelsen af egoisme eller selviskhed i os er en prøve. Vil vi være kloge og arbejde for den Himmelske Fader, eller vil vi tåbeligt arbejde for os selv?

"Når vi udfører handlinger i den rette ånd, vil vi forstå, at Herren er den Eneste, der handler: det vil sige, at al magt er guddommelig og kommer fra det Eneste Væsen, Gud."

◆ ◆ ◆

"Livet er Guds store drøm," sagde Mesteren.

"Hvis det kun er en drøm, hvorfor føles smerte da så virkelig?" spurgte en elev.

"Hvis man slår et drømme-hoved mod en drømme-mur, får man drømme-smerter," svarede Paramahansaji. "En, der drømmer, er sig ikke bevidst, at hans drøm blot er en hallucination, før han vågner. Ligeledes forstår man ikke, at skabelsens kosmiske drøm er illusorisk, før man vågner i Gud."

◆ ◆ ◆

Mesteren understregede nødvendigheden af at leve et afbalanceret liv med aktivitet og meditation.

"Når I arbejder for Gud og ikke for jer selv," sagde han, "så er det lige så godt som meditation. Så hjælper arbejdet jeres meditation, og meditationen hjælper jeres arbejde. I skal have balance. Hvis I kun mediterer, bliver I dovne. Hvis I kun arbejder, bliver sindet verdsligt, og I glemmer Gud."

❖ ❖ ❖

"Det er smukt at tænke, at Vorherre elsker os alle lige meget," sagde en besøgende, "men det virker uretfærdigt, at Han skulle holde lige så meget af en synder som af en helgen."

"Er en diamant mindre værd, fordi den er dækket af mudder?" svarede Mesteren. "Gud ser vores sjæles uforanderlige skønhed. Han ved, at vi ikke er lig med vores fejl."

❖ ❖ ❖

Mange mennesker synes at modsætte sig fremskridt og i stedet foretrække tilvante tanker og aktiviteter.

"Jeg kalder den slags mennesker 'psykologiske antikviteter,'" sagde Mesteren til disciplene: "Vær ikke én af dem, ellers siger englene, når I dør: 'Åh, her kommer en antikvitet! Lad os sende ham tilbage til jorden!'"[45]

❖ ❖ ❖

"Hvad er forskellen mellem en verdslig person og en ond person?" spurgte en mand. Mesteren sagde:

"De fleste mennesker er verdslige, men kun få er virkelig onde. 'Verdslig' betyder at være tåbelig, at lægge vægt på ubetydelige ting, og at holde sig på afstand af Gud på grund af uvidenhed. Men 'ond' betyder, at man med vilje vender ryggen til Gud; det er der ikke mange, der ville gøre."

❖ ❖ ❖

En ny elev troede, at det var muligt at tilegne sig Mesterens lære udelukkende gennem intens studie, uden at praktisere meditation. Paramahansaji sagde til ham:

"Erkendelsen af sandheden skal vokse frem indefra. Den kan ikke podes på udefra."

❖ ❖ ❖

"Klag ikke, hvis I ikke ser lys eller syner i meditation,"

[45] Se *reinkarnation* i ordlisten.

sagde Mesteren til disciplene. "Gå dybt ind i oplevelsen af Lyksalighed; der vil I finde Guds virkelige tilstedeværelse. Søg ikke en del, men Helheden."

❖ ❖ ❖

En vis elev, som Mesteren havde indviet i *Kriya Yoga*, sagde til en anden elev:

"Jeg praktiserer ikke *Kriya* hver dag. Jeg forsøger at fastholde mindet om den glæde, der kom til mig den første gang jeg brugte teknikken."

Da Paramahansaji hørte historien, lo han og sagde:

"Han er som en sulten mand, der afslår mad og siger: 'Nej tak. Jeg forsøger at holde fast i den følelse af tilfredshed, jeg fik fra et måltid i sidste uge.'"

❖ ❖ ❖

"Mester, jeg elsker alle," sagde en discipel.

"Du skal kun elske Gud," svarede Paramahansaji.

Disciplen mødte Guruen nogle få uger senere. Han spurgte hende: "Elsker du andre mennesker?"

"Jeg forbeholder min kærlighed udelukkende for Gud," svarede disciplen.

"Du bør elske alle med den samme kærlighed."

Den forbløffede discipel spurgte: "Sir, hvad mener

De? Først siger De, at det er forkert at elske alle mennesker, og nu siger De, at det er forkert at udelukke nogen."

"Du er tiltrukket af menneskers personlighed; det fører til begrænsende tilknytninger," forklarede Mesteren. "Når du virkelig elsker Gud, vil du se Ham i hvert eneste ansigt, og vil vide, hvad det vil sige at elske alle. Det er ikke former og egoer vi bør tilbede, men den iboende Herre i alle. Han alene forlener Sine skabninger med liv, charme og individualitet."

❖ ❖ ❖

En discipel udtrykte sit ønske om at glæde Mesteren. Paramahansaji svarede:

"Min lykke ligger i at vide, at du er lykkelig i Gud. Vær forankret i Ham."

❖ ❖ ❖

"Mit begær efter Gud er meget intenst," sagde en discipel. Mesteren svarede:

"Det er den største velsignelse at føle Hans tiltrækning i dit hjerte. Det er Hans måde at sige: 'Alt for længe har du leget med Min skabelses legetøj. Nu skal du være hos Mig. Kom hjem!'"

❖ ❖ ❖

Nogle af munkene og nonnerne fra Self-Realization Ordenen diskuterede med Paramahansaji den relative værdi af at gå i monastiske dragter som en hjælp til at søge Gud. Mesteren sagde:

"Det, der betyder noget, er ikke jeres tøj, men jeres holdning. Gør jeres hjerte til en ashram og jeres kåbe til Guds kærlighed."

❖ ❖ ❖

I en diskussion om det tåbelige i at holde dårligt selskab, sagde Mesteren: "Når man piller hvidløg eller rører ved et råddent æg, får man en grim lugt på hænderne, som så skal vaskes grundigt."

❖ ❖ ❖

"Så længe vi er nedsænket i kropsbevidsthed, er vi som fremmede i et fremmed land," sagde Mesteren. "Vort hjemland er Allestedsnærværelse."

❖ ❖ ❖

En gruppe disciple gik tur sammen med Mesteren på plænen uden for Encinitas Hermitage, som har udsigt over havet. Det var meget tåget og mørkt. En af dem bemærkede: "Hvor er her dog koldt og dystert!"

"Det er lidt ligesom den atmosfære, der omgiver en materialistisk person i dødsøjeblikket," sagde Mesteren. "Han glider fra denne verden ind i noget ligesom en tyk tåge. Intet er klart for ham; og for en tid føler han sig fortabt og bange. Alt efter hans karma, fortsætter han enten til en lys astralverden for at få åndelig undervisning, eller han synker ned i en døs, indtil det rette karmiske øjeblik indtræffer, så han kan blive genfødt på jorden.

"Bevidstheden hos en hengiven, én der elsker Gud, forstyrres ikke ved overgangen fra denne verden til den næste. Han træder uden besvær ind i en verden af lys, kærlighed og glæde."

◆ ◆ ◆

"De fleste mennesker er opslugt af materielle ting," sagde Mesteren. "Hvis de overhovedet tænker på Gud, er det kun for at bede Ham om penge eller godt helbred. De beder sjældent om den højeste gave: synet af Hans ansigt, den forvandlende berøring af Hans hånd.

"Vorherre ved, hvad vi tænker. Han afslører Sig ikke for os, før vi har overgivet vores sidste verdslige ønske til Ham; ikke før hver af os siger: 'Fader, vejled mig og gør mig til Din.'"

❖ ❖ ❖

"Ligegyldigt hvilken vej man drejer et kompas, peger nålen mod nord," sagde Mesteren. "Sådan er det også med en sand yogi. Han kan være optaget af mange ydre aktiviteter, men hans sind er altid hos Vorherre. Hans hjerte synger hele tiden: 'Min Gud, min Gud, den mest elskelige af alle!'"

❖ ❖ ❖

"Forvent ikke en åndelig blomst hver dag i jeres livs have," sagde Mesteren til en gruppe disciple. "Hav tillid til, at Vorherre, som I har overgivet jer til, vil give jer åndelig fuldbyrdelse til rette tid.

"I har allerede sået frøet af stræben efter Gud; vand det med bøn og rette handlinger. Fjern tvivlens, ubeslutsomhedens og sløvhedens ukrudt. Når spirer af åndelig erkendelse viser sig, så plej dem med hengiven omhu. En morgen vil I skue Selverkendelsens blomst."

❖ ❖ ❖

Paramahansaji holdt foredrag for en gruppe disciple. En vis hengiven var tilsyneladende optaget af Guruens ord, men tillod sine tanker at vandre. Da det var tid til at sige godnat, bemærkede Paramahansaji til ham:

"Sindet er som en hest: det er godt at tøjle det, så det ikke løber væk."

❖ ❖ ❖

Mange mænd og kvinder, som ikke forstår åndelige sandheder, modstår den hjælp, som den vise er ivrig efter at give dem. De afviser mistroisk hans råd. En dag sukkede Paramahansaji:

"Folk er så dygtige til at være uvidende!"

❖ ❖ ❖

En ivrig ny elev, som forventede lynhurtige resultater som ved et trylleslag, var skuffet over at han, efter en uges anstrengelser i meditation, stadig ikke kunne spore noget tegn på Guds tilstedeværelse i sig.

"Hvis du ikke finder perlen ved at dykke én eller to gange, så skyd ikke skylden på havet. Find fejl ved din dykning," sagde Mesteren. "Du er endnu ikke dykket dybt nok ned."

❖ ❖ ❖

"Ved meditation opdager I, at I har et bærbart paradis i hjertet," sagde Mesteren.

❖ ❖ ❖

Mesteren var på mange måder så ydmyg som tænkes kan, men ved passende lejligheder kunne han være ubøjelig. En vis discipel, som kun havde set Paramahansajis bløde side, begyndte at forsømme sine pligter. Guruen irettesatte ham skarpt. Da han så forbløffelsen i den unge mands øjne over denne uventede disciplin, sagde Mesteren:

"Når du glemmer det høje formål, som bragte dig hertil, husker jeg min åndelige pligt til at rette dine fejl."

❖ ❖ ❖

Guruen understregede nødvendigheden af fuldstændig oprigtighed overfor Gud. Han sagde:

"Vorherre kan ikke bestikkes med menighedens størrelse i en kirke eller med dens rigdom eller med velplanlagte prædikener. Gud besøger kun altrene i hjerter, som er renset ved hengivelsens tårer og oplyst af kærlighedens levende lys."

107

❖ ❖ ❖

En hengiven var ked af det, fordi andre disciple syntes at gøre større åndelige fremskridt end han selv. Mesteren sagde:

"Du holder øje med det store fad i stedet for din egen tallerken, og tænker på hvad du ikke fik, i stedet for det, der er blevet givet dig."

❖ ❖ ❖

Om sin store familie af sandhedssøgende sagde Mesteren ofte:

"Den Guddommelige Moder har sendt mig alle disse sjæle, så jeg kan drikke Hendes kærligheds nektar af mange hjerters bægre."

❖ ❖ ❖

En discipel, som var interesseret i at sprede Guruens budskab, jublede når fremmødet i Self-Realization templet i Hollywood var særlig stort. Men Paramahansaji sagde:

"En butiksejer noterer sig omhyggeligt, hvor mange mennesker der kommer i hans forretning. Jeg tænker aldrig på den måde om vores kirke. Jeg sætter pris på 'skarer af sjæle', som jeg ofte siger; men mit venskab gives ubetinget til alle, hvad enten de kommer her eller ej."

❖ ❖ ❖

Til en mismodig discipel sagde Mesteren:

"Vær ikke negativ. Sig aldrig, at du ikke gør fremskridt. Når du tænker: 'Jeg kan ikke finde Gud', så har du selv fældet dommen. Der er ingen andre, der holder Vorherre væk fra dig."

❖ ❖ ❖

"Mester, sig mig hvilken bøn jeg skal bruge til at føre mig hurtigst muligt frem til den Guddommelige Elskede," sagde en hindu discipel. Paramahansaji svarede:

"Giv Gud de juveler af bønner, der ligger dybt i dit eget hjertes mine."

❖ ❖ ❖

Mesteren, som altid var gavmild, og altid forærede de ting han fik videre til andre, sagde engang: "Jeg tror ikke på velgørenhed." Da han så forbløffelsen i disciplenes ansigter, tilføjede han:

"Velgørenhed slavebinder folk. At dele sin visdom med andre, så de bliver i stand til at hjælpe sig selv, er bedre end nogen materiel gave."

❖ ❖ ❖

"En dårlig vane kan hurtigt ændres," sagde Mesteren til en discipel, som søgte hans hjælp.

"En vane er resultatet af sindets koncentration. Du har tænkt på en bestemt måde. For at danne en ny og god vane skal du blot koncentrere dig i den modsatte retning."

❖ ❖ ❖

"Når I har lært at være lykkelige i *nuet*, så har I fundet den rigtige vej til Gud," sagde Mesteren til en gruppe disciple.

"Så er der meget få mennesker, der lever i nuet," bemærkede en hengiven.

"Det er sandt," svarede Paramahansaji. "De fleste lever i tanker om fortiden eller fremtiden."

❖ ❖ ❖

En elev, som havde oplevet mange skuffelser,

begyndte at miste troen på Gud. Til ham sagde Mesteren:

"Det øjeblik, hvor den Guddommelige Moder slår dig hårdest, er det tidspunkt, hvor du mest stædigt skal klynge dig til Hendes skørt."

◆ ◆ ◆

Mesteren talte om det onde ved sladder til en gruppe disciple, og sagde:

"Min guru Sri Yukteswar plejede at sige: 'Hvis ikke det er noget, jeg må fortælle til alle, ønsker jeg ikke at høre det.'"

◆ ◆ ◆

"Vorherre skabte både mennesker og *maya*," sagde Mesteren. "Illusionstilstandene – vrede, grådighed, selviskhed og så videre – er Hans opfindelser, ikke vores. Han er ansvarlig for planlægningen af prøvelserne i livets forhindringsløb.

"En stor indisk helgen plejede at bede: 'Himmelske Fader, jeg har ikke bedt om at blive skabt; men siden Du har skabt mig, så frigiv mig i Din Ånd.' Hvis du taler kærligt til Gud på den måde, er Han nødt til at hente dig Hjem."

111

❖ ❖ ❖

"Vær ikke imponeret af ros fra bekendte, der egentlig ikke kender jer," sagde Mesteren. "Søg hellere anerkendelse fra sande venner – dem, der hjælper jer til at forbedre jer selv, og som aldrig smigrer jer eller billiger jeres fejl. Det er Gud, der vejleder jer gennem sande venners oprigtighed."

❖ ❖ ❖

To elever ankom samtidig til Mt. Washington Centeret for at få undervisning. De andre hengivne beundrede dem. Men kort tid efter forlod de to elever stedet igen. Mesteren sagde til ashrambeboerne:

"I var imponerede over deres handlinger, men jeg holdt øje med deres tanker. Indadtil var de på afveje, selvom de udadtil fulgte alle reglerne. God opførsel varer ikke ved i længden, hvis man ikke bruger de rette midler til at rense sindet."

❖ ❖ ❖

En mand var dybt tiltrukket af Paramahansaji, men ville ikke følge hans råd. Mesteren sagde:

"Jeg kan ikke være utilfreds med ham; for selvom

112

han begår mange fejl, længes hans hjerte inderligt efter Gud. Hvis han ville give mig lov, ville jeg hurtigt føre ham til det Guddommelige Hjem; ikke desto mindre vil han med tiden nå dertil. Han er en Cadillac, der sidder fast i mudderet."

❖ ❖ ❖

Til en utilfreds elev sagde Mesteren:
"Tvivl ikke, ellers vil Gud fjerne dig fra ashramen. Mange kommer her på udkig efter mirakler. Men mestre udstiller ikke de kræfter, Gud har givet dem, medmindre Han befaler dem at gøre det. De fleste forstår ikke, at det største af alle mirakler ville være en forvandling af deres liv ved ydmyg lydighed overfor Hans vilje."

❖ ❖ ❖

"Gud har sendt jer hertil med et formål," sagde Mesteren. "Opfører I jer i overensstemmelse med det formål? I kom til verden for at udføre en guddommelig mission. Prøv at forstå, hvor utrolig vigtigt det er! Lad ikke det snævre ego hindre jer i at opnå et uendeligt mål."

❖ ❖ ❖

En discipel undskyldte sin mangel på åndelig fremgang med, at han havde svært ved at overvinde sine fejl.

Paramahansaji opfattede intuitivt en dybere årsag og sagde:

"Vorherre har ikke noget imod dine fejl. Han har noget imod din ligegyldighed."

❖ ❖ ❖

Da Mesteren tog afsted fra Boston i 1923 for at påbegynde en turné tværs over kontinentet for at udbrede Self-Realization Fellowship læren, bemærkede en af hans elever:

"Sir, jeg vil føle mig hjælpeløs uden Deres åndelige vejledning." Mesteren svarede:

"Vær ikke afhængig af mig. Vær afhængig af Gud."

❖ ❖ ❖

Til nogle ashramdisciple, som ofte besøgte gamle venner i weekenderne, sagde Mesteren:

"I bliver rastløse og spilder jeres tid. I kom her for Gudserkendelse, og nu snyder I jer selv ved at glemme jeres Mål. Hvorfor søge ydre adspredelser? Find Vorherre og se, hvad I er gået glip af!"

❖ ❖ ❖

To unge disciple var ofte i hinandens selskab i ashramen. Mesteren sagde til dem:

"Det er begrænsende kun at være knyttet til en enkelt eller få personer og udelukke alle andre. På den måde forhindres den universelle sympati i at vokse. Udvid grænserne for jeres kærligheds kongerige. Spred jeres kærlighed overalt til den Gud, der findes i alting."

❖ ❖ ❖

En aften, mens han kiggede på stjerner under en spadseretur med en gruppe disciple, sagde Mesteren:

"Hver af jer er sammensat af mange bittesmå stjerner – atomstjerner! Hvis jeres livskraft blev sat fri fra egoet, ville I være bevidste om hele universet. Når store hengivne mennesker dør, føler de, at deres bevidsthed spredes over det uendelige verdensrum. Det er en smuk oplevelse."

❖ ❖ ❖

Til menigheden i Self-Realization templet i San Diego sagde Mesteren:

"Lad kirken minde jer om jeres egen katedral indeni,

som I skal besøge midt om natten og ved daggry. Der kan I lytte til *Aums* mægtige orgelmusik og deri høre den guddommelige visdoms prædiken."

❖ ❖ ❖

En aften, hvor Mesteren sad og talte med disciplene, sagde han:

"At eje ting betyder intet for mig, men venskab er mig meget dyrebart. I sandt fællesskab fanger man et glimt af Vennen over alle venner." Efter en pause fortsatte han: "Vær aldrig falsk overfor en ven, og bedrag aldrig nogen. Det er én af de største synder for den Guddommelige Domstol."

❖ ❖ ❖

Paramahansaji skulle afsted fra Mt. Washington Centeret for at holde foredrag, men han standsede et øjeblik for at tale med en af disciplene. Mesteren sagde:

"Det er en god idé at føre en mental dagbog. Før du går i seng om aftenen, så sid lidt og gennemgå dagen. Se, hvad du udvikler dig til. Synes du om kursen i dit liv? Hvis ikke, skal du ændre den."

❖ ❖ ❖

Mesteren fik et fjernsynsapparat forærende. Det blev placeret i et rum, hvor alle disciplene kunne se det. De gik derind så ofte, at Mesteren sagde til dem:

"Så længe I endnu ikke har fundet Gud, er det bedst, ikke at være interesseret i underholdning. At søge adspredelse betyder, at man glemmer Ham. Lær først at elske og kende Ham. Så betyder det ikke noget, hvad I gør, for Han vil aldrig forlade jeres tanker."

❖ ❖ ❖

"Nydelse af sansernes glæder følges af overmæthed og afsky," sagde Mesteren. "Disse konstante, dualistiske oplevelser gør én irritabel og upålidelig. *Maya* eller tilstanden af illusion er karakteriseret af modsætningspar. Ved meditation på Gud, den Eneste Enhed, bortjager den hengivne de skiftende bølger af nydelse og smerte fra sit sind."

❖ ❖ ❖

"Mester, når jeg bliver ældre og har set mere af livet, giver jeg afkald på det hele og søger Gud. Lige nu er der for meget, jeg vil vide og opleve," sagde en elev.

Da han var taget afsted fra ashramen, bemærkede Paramahansaji:

"Han tror stadig, at sex er kærlighed, og at 'ting' er rigdom. Han bliver ligesom den mand, hvis kone havde forladt ham, og hvis hus var brændt ned. Manden tænkte over sine tab og besluttede at 'opgive alt'. Vorherre er ikke særlig imponeret over den slags 'afkald'. Den elev, som lige har forladt sin træning her er ikke villig til at 'give afkald på alt', før han ikke længere har noget materielt tilbage at give afkald på!"

❖ ❖ ❖

"Jeg synes ikke, at det er særlig praktisk at tænke på Gud hele tiden," sagde en besøgende. Mesteren svarede:

"Verden er enig med dig, og er verden et lykkeligt sted? Sand glæde findes ikke af den, som forsager Gud, for Gud er Selve Lyksaligheden. På jorden lever Hans hengivne i en indre himmel af fred; men de, der glemmer Ham, tilbringer deres dage i et selvskabt Hades af usikkerhed og skuffelse. At 'blive venner' med Vorherre, er at være virkelig praktisk!"

❖ ❖ ❖

Paramahansaji bad en discipel om at udføre noget arbejde i et Self-Realization refugium i ørkenen. Disciplen tog modvilligt afsted, fordi han bekymrede sig om de pligter han forsømte i Mt. Washington Centeret.

"Dit nye arbejde i refugiet i ørkenen burde være det eneste, du tænker på nu," sagde Mesteren til ham. "Vær ikke knyttet til noget. Accepter forandringer med sindsro, og opfyld alle pålagte pligter i en ånd af guddommelig frihed.

"Hvis Gud sagde til mig i dag: *Kom hjem!* ville jeg uden at se mig tilbage forlade alle mine pligter her – organisation, bygninger, planer, personer – og skynde mig at adlyde Ham. Det er Ham, der har ansvaret for verdens gang. Det er Ham, der handler, ikke du eller jeg."[46]

❖ ❖ ❖

"Guruji," spurgte en discipel, "hvis De kunne stille tiden tilbage til det tidspunkt, hvor Deres Mester bad Dem om at påtage Dem organisationsarbejde, ville De så med glæde indvillige i det – selvom De havde Deres nuværende viden om byrden ved ansvaret for mange andre mennesker?" Mesteren svarede:

"Ja, den slags arbejde lærer én uselviskhed."

❖ ❖ ❖

[46] Se *ego* i ordlisten.

Paramahansaji blev ofte stillet det ældgamle spørgsmål om, hvorfor Gud tillader lidelse. Han forklarede da tålmodigt:

"Lidelse skyldes misbrug af den frie vilje. Gud har givet os magt til at acceptere Ham eller afvise Ham. Han ønsker ikke, at vi skal udsættes for sorg, men griber ikke ind, hvis vi vælger handlinger, der fører til elendighed.

"Mennesker lytter ikke til helgenernes visdom, men forventer at usædvanlige omstændigheder eller mirakler skal redde dem, når de kommer i vanskeligheder. Vorherre kan gøre hvad som helst; men Han ved, at menneskets kærlighed og rette adfærd ikke kan købes ved mirakler.

"Gud har sendt os ud som Sine børn, og i den guddommelige rolle må vi vende tilbage til Ham. Den eneste vej til genforening er ved udøvelse af ens egen vilje. Ingen anden magt på jorden eller i himlen kan gøre det for dig. Men hvis du virkelig kalder fra din sjæl, sender Gud dig en guru for at føre dig fra smertens ødemark til Hans hjem i evig glæde.

"Vorherre har givet dig fri vilje, og derfor kan Han ikke agere som en diktator. Selvom Han er Almægtig Kraft, sørger Han ikke for, at du slipper for lidelser, hvis du har valgt de onde handlingers vej. Er det rimeligt at forvente, at Han skal fjerne dine byrder, hvis dine tanker og handlinger er i modstrid med Hans love? Lykkens hemmelighed ligger i at overholde Hans etiske regler, som dem Han gav i De Ti Bud."

❖ ❖ ❖

Paramahansaji advarede ofte disciplene om faren ved åndelig dovenskab. "Minutterne er vigtigere end årene," plejede han at sige. "Hvis I ikke fylder jeres livs minutter med tanker om Gud, glider årene forbi; og når I har mest brug for Ham, kan I måske ikke mærke Hans nærvær. Men hvis I fylder jeres livs minutter med guddommelige aspirationer, vil årene automatisk blive mættet med dem."

❖ ❖ ❖

I det gamle Indien blev ordet *guru* kun brugt om Kristuslignende mestre, som kunne føre deres disciple til guddommelig erkendelse. Ved at følge skrifternes påbud, gjorde disciplene sig åndeligt modtagelige ved ubetinget lydighed mod den hellige lærers træning. Vesterlændinge protesterede af og til over en sådan frivillig overgivelse af personlig frihed til en anden persons vilje, men Mesteren sagde:

"Når man har fundet sin guru, skal der være ubetinget hengivenhed til ham, for Gud udtrykker sig gennem ham. Guruens eneste formål er at føre disciplen til erkendelse af Selvet; den kærlighed, en guru modtager fra en discipel, giver han videre til Gud. Når en åndelig lærer finder en elev, som er på bølgelængde med ham, er han i stand til at undervise ham hurtigere, end han kan undervise en elev, der modsætter sig ham.

"Jeg er ikke jeres leder, men jeres tjener. Jeg er som støvet under jeres fødder. Jeg ser Gud repræsenteret i jer, og jeg bøjer mig for jer alle. Jeg vil blot fortælle jer om den store glæde, jeg føler i Ham. Jeg har ingen personlig ambition, men jeg har den største ambition om at dele min åndelige glæde med alle jordens folkeslag."

❖ ❖ ❖

I en tale til ashrambeboerne sagde Sri Yogananda: "I det åndelige liv bliver man ligesom et lille barn – uden vrede, uden tilknytning, fuld af liv og glæde. Lad intet såre eller forstyrre jer. Vær stille indeni, modtagelige for den Guddommelige Stemme. Brug jeres fritid i meditation.

"Jeg har aldrig oplevet nogen glæde i verden, der er så stor som den åndelige glæde ved *Kriya Yoga*. Jeg ville ikke opgive den for alle Vestens bekvemmeligheder eller alt guld i verden. Ved *Kriya Yoga* er det blevet mig muligt altid at bære min lykke med mig."

❖ ❖ ❖

122

Mesteren malede mange uforglemmelige ordbilleder for at illustrere en åndelig pointe. "Sådan er livet," bemærkede han engang. "Man har forberedt et måltid i det fri, og pludselig kommer en bjørn og vælter bordet, så man er nødt til at løbe væk. Mennesker lever deres liv på den måde: de arbejder for en smule glæde og sikkerhed; så kommer sygdommens bjørn, deres hjerte stopper, og de er væk.

"Hvorfor leve i en sådan tilstand af usikkerhed? Uvigtige ting i jeres liv har fået højeste prioritet. I lader forskellige aktiviteter optage jeres tid og slavebinde jer. Hvor mange år er gået på den måde? Hvorfor lade resten af livet glide forbi uden åndelig fremgang? Hvis I beslutter jer i dag for ikke at lade forhindringer holde jer tilbage, så får I kraft til at overvinde dem."

❖ ❖ ❖

"Den dovne finder aldrig Gud," sagde Mesteren. "Et ledigt sind bliver djævelens værksted. Jeg har set mange *sannyasier* [munke], som gav afkald på arbejde og aldrig blev til andet end tiggere. Men de, som arbejder for at forsørge sig selv, uden ønsker om frugten af deres handlinger, og som alene begærer Vorherre, er sande forsagere. Det er meget svært at udøve sådant et afkald,

123

men hvis I elsker Gud så meget, at alt hvad I gør, er for at behage Ham, er I frie.

"Når I tænker: 'Jeg arbejder kun for Gud', bliver jeres kærlighed så stor, at I ikke har nogen anden tanke i jeres sind, og intet andet mål end at tjene og tilbede Ham."

❖ ❖ ❖

"Se Guds alter i stjernerne, under jorden og bag jeres følelsers pulseren," sagde Mesteren. "Han, den oversete Virkelighed, er skjult overalt. Hvis I standhaftigt følger vejen og mediterer regelmæssigt, vil I se Ham i en gylden kappe af lys, som spredes gennem al evighed. Bag hver eneste tanke vil I føle Hans lyksalige nærvær.

"Gud skal man ikke bare tale om. Mange har talt om Ham; mange har undret sig over Ham; mange har læst om Ham. Men kun få har smagt Hans glæde. Kun disse få kender Ham. Og når I kender Ham, tilbeder I Ham ikke længere på afstand; I bliver ét med Ham. Så kan I også sige, ligesom Jesus og alle andre store mestre har sagt: 'Jeg og min Fader er ét.'"

❖ ❖ ❖

Mesteren sagde: "Når I dykker dybt gennem jeres åndelige øje,[47] ser I ind i den fjerde dimension,[48] som gløder af den indre verdens underværker. Den er vanskelig at nå frem til, men hvor er den smuk!

"Stil jer ikke tilfreds med en smule fred fra jeres meditation, men stræb igen og igen efter Hans lyksalighed. Dag og nat, når andre sover eller bruger deres energi på at få opfyldt ønsker, skal I hviske: 'Min Herre, min Herre, min Herre!' Og med tiden gennembryder Han mørket, og så vil I kende Ham. Denne verden er et grimt sted sammenlignet med Åndens vidunderlige rige. Fjern forhindringerne for guddommelig indsigt ved beslutsomhed, hengivenhed og tillid."

❖ ❖ ❖

"Ved juletid er der stærke vibrationer af Kristus-Bevidsthed i luften," sagde Mesteren. "De, der ved deres hengivenhed og dyb, videnskabelig meditation er i samklang med dem, modtager de guddommelige vibrationer. Det er af den yderste åndelige vigtighed for alle mennesker, uanset religion, at de indeni sig selv

---

[47] Se ordlisten.
[48] Se *astrale verdener* i ordlisten.

125

oplever denne 'fødsel' af den universelle Kristus.

"Verdensrummet er hans krop. Kristus-Bevidstheden er til stede overalt i det. Når I kan lukke øjnene og ved meditation udvide jeres bevidsthed, til I føler hele universet som jeres egen krop, så vil Kristus være født indeni jer. Alle uvidenhedens skyer bliver fordrevet, når I bag de lukkede øjnes mørke skuer det guddommelige kosmiske lys.

"Kristus bør tilbedes i sandhed: først i ånden, ved meditation; og dernæst i form, ved at opfatte hans tilstedeværelse selv i den materielle verden. I skal meditere over den virkelige betydning af Kristi komme, og føle hans bevidsthed blive tiltrukket i jer af jeres hengivenheds magnet. Det er julens virkelige formål."

❖ ❖ ❖

Balance er et nøgleord i Paramahansajis lære. "Hvis I mediterer dybt, vender jeres sind sig stærkere og stærkere mod Gud," sagde han. "Men I må ikke tilsidesætte jeres pligter i verden. Efterhånden som I lærer at udføre alle jeres opgaver med et fredfyldt sind, kan I gøre ting hurtigere og med større koncentration og effektivitet. Da finder I, at uanset hvad I foretager jer, gennemtrænges jeres handlinger af guddommelig bevidsthed. Den tilstand kommer først, når I har praktiseret dyb meditation, når I har displineret jeres sind til at vende tilbage til Gud, så snart I har udført jeres pligter, og når I udfører dem med tanken om, at I udelukkende tjener Ham."

❖ ❖ ❖

"Anger betyder ikke blot, at man er ked af at have gjort noget forkert, men også at afstå fra at udføre den pågældende handling igen," sagde Mesteren. "Når man virkelig angrer, beslutter man sig til at forsage det onde. Hjertet er ofte meget hårdt; det lader sig ikke så let bevæge. Blødgør det ved bøn. Så kommer den guddommelige velsignelse."

❖ ❖ ❖

"Lad jer vejlede af visdom," sagde Mesteren. "Forkerte handlinger i fortiden har efterladt frø i jeres sind. Hvis I sætter ild til frøene ved visdom, bliver de 'ristet' eller virkningsløse. I kan ikke opnå frigørelse, før I har brændt de fortidige handlingers frø i ilden af visdom og meditation. Hvis I vil tilintetgøre de skadelige virkninger af tidligere handlinger, så meditér. Det, I har gjort, kan I gøre ugjort. Hvis I ikke vokser åndeligt, må I på trods af prøvelser forsøge igen og igen. Når jeres nuværende anstrengelser bliver stærkere end karmaen fra de tidligere handlinger, så er I frie."

❖ ❖ ❖

Under et foredrag sagde Paramahansaji: "Kristus sagde til os alle, at vi skal 'elske vores næste som os selv'. Men uden sjælsviden, hvorved man indser, at alle mennesker faktisk er 'én selv', kan man ikke følge Kristi bud. For mig er der ingen forskel på mennesker, for jeg ser enhver som Guds barn. Jeg kan ikke betragte nogen som en fremmed.

"Engang i New York City blev jeg omringet af tre bevæbnede mænd. Jeg sagde: 'Vil I have penge? Tag dem,' og holdt min tegnebog frem. Jeg befandt mig i den overbevidste tilstand. Mændene rakte ikke ud efter tegnebogen. Til sidst sagde én af dem:

"'Undskyld. Vi kan ikke gøre det.' De løb væk.

"En anden aften i New York, i nærheden af Carnegie Hall hvor jeg lige havde holdt foredrag, kom en mand med en pistol imod mig. Han sagde:

"'Ved du, at jeg kan skyde dig?'

"'Hvorfor?' spurgte jeg roligt. Mine tanker var hos Gud.

"'Du taler om demokrati.' Han var tydeligvis en

mentalt forstyrret person. Vi stod i stilhed et stykke tid, og så sagde han:

"'Tilgiv mig. Du har taget min ondskab fra mig.' Han løb ned ad gaden så hurtigt som en kronhjort.

"De, der er i samklang med Gud kan ændre menneskers hjerter."

❖ ❖ ❖

"At erklære, at verden er en drøm, uden at forsøge på at opnå virkelig erkendelse af denne sandhed gennem meditation, kan lede én til fanatisme," sagde Mesteren. "Den vise forstår, at selvom det jordiske liv er en drøm, rummer det alligevel drømmesmerte. Derfor bruger han videnskabelige metoder til at vågne op fra drømmen."

❖ ❖ ❖

Da kapellet i Self-Realization Fellowships hovedkvarter var ved at blive sat i stand, foreslog en discipel, at en niche skulle have en hellig lampe, et såkaldt "evighedslys", som skulle tændes af Paramahansaji.

Mesteren sagde: "Jeg vil helst tro, at den lampe af hengivelse til Gud, som jeg har tændt i jeres hjerter, er evig. Intet andet lys er nødvendigt."

❖ ❖ ❖

I 1951 antydede Paramahansaji ofte, at han ikke havde mange dage tilbage på jorden.

"Sir," spurgte en fortvivlet discipel, "når vi ikke længere kan se Dem, vil De så være lige så nær, som De er nu?"

Mesteren smilede kærligt og sagde:

"For dem, der tænker, at jeg er nær, vil jeg være nær."

❖ ❖ ❖

Om forfatteren

"Idealet om at elske Gud og tjene menneskeheden kom fuldt ud til udtryk i Paramahansa Yoganandas liv ... Selvom han tilbragte det meste af sit liv uden for Indien, indtager han stadig pladsen som én af vore største helgener. Hans arbejde vokser fortsat og skinner stadig mere klart, og drager overalt mennesker på Åndens pilgrimsrejse."

Med disse ord hyldede den indiske regering grundlæggeren af Self-Realization Fellowship/Yogoda Satsanga Society of India ved udstedelsen af et frimærke den 7. marts 1977, til minde om det femogtyvende år efter hans død.

Paramahansa Yogananda kom til De Forenede Stater i 1920 som Indiens delegat til en International Kongres for Religiøse Liberale. I 1925 etablerede han Self-Realization Fellowships Internationale Hovedkvarter i Los Angeles, hvorfra de trykte *Self-Realization Lektioner* om videnskabelig Kriya Yoga meditation og kunsten at leve et åndeligt liv gøres tilgængelige for elever over hele verden. Denne undervisning understreger en balanceret udvikling af krop, sind og sjæl; og målet er en direkte personlig oplevelse af Gud.

"Paramahansa Yogananda bragte ikke kun Indiens evige løfte om Gudserkendelse til Vesten, men også en praktisk metode, gennem hvilken åndeligt stræbende fra alle samfundslag hurtigt kan nå målet," skrev Quincy Howe, Jr., professor i Oldtidssprog ved Scripps College. "Før i tiden blev Indiens åndelige arv opfattet på et abstrakt og ophøjet plan i Vesten. Men da læren nu er tilgængelig og kan praktiseres og opleves af alle, som stræber efter af kende Gud, ikke i det hinsides, men her og nu, har Yogananda formået at bringe de mest ophøjede meditationsmetoder indenfor alles rækkevidde."

I dag fortsættes det åndelige og humanitære arbejde, som Paramahansa Yogananda begyndte, under ledelse af Broder Chidananda, præsident for Self-Realization Fellowship/Yogoda Satsanga Society of India. Sri Yoganandas liv og lære beskrives i hans *En yogis selvbiografi*.

En prisvindende dokumentarfilm om Paramahansa Yoganandas liv og arbejde, *Awake: The Life of Yogananda*, havde premiere i oktober 2014.

Paramahansa Yogananda:
en yogi i liv og død

Paramahansa Yogananda indtrådte i *mahasamadhi* (en yogis sidste, bevidste bortgang fra legemet) i Los Angeles, Californien, den 7. marts 1952, efter at have afsluttet sin tale ved en banket til ære for Indiens ambassadør, Hans Excellence Binay R. Sen.

Den store verdenslærer demonstrerede værdien af yoga (videnskabelige teknikker til Gudserkendelse) ikke blot i livet, men også i døden. I ugevis efter hans død oplystes hans uforanderlige ansigt af uforgængelighedens guddommelige skær.

Direktøren for Los Angeles begravelsesvæsen, Mr. Harry T. Rowe, Forest Lawn Memorial-Park (hvor den store mesters lig er midlertidigt anbragt), sendte Self-Realization Fellowship et notarialt bekræftet brev, hvorfra følgende uddrag er taget:

"Manglen på noget synligt tegn på opløsning i Paramahansa Yoganandas lig frembyder det mest usædvanlige tilfælde i vor erfaring ... end ikke tyve dage efter dødens indtræden var nogen fysisk opløsning synlig i hans lig ... Intet tegn på skimmel var synlig på hans hud, og ingen synlig udtørring fandt sted i legemets væv. Denne tilstand af fuldkommen bevarelse af et lig er, så vidt vi ved fra begravelsesvæsenets annaler, uden side-stykke ... Ved modtagelsen af Yoganandas lig forventede begravelsespersonalet gennem kistens glaslåg at kunne iagttage de sædvanlige fremadskridende tegn på legem-lig opløsning. Vor forbløffelse voksede, da den ene dag fulgte den anden uden at bringe nogen synlig forandring i det iagttagne lig. Yoganandas lig var tilsyneladende i en objektiv tilstand af uforanderlighed ...

"Ingen lugt eller forrådnelse udgik på noget tids-punkt fra hans lig ... Yoganandas fysiske fremtoning var den 27. marts, lige før bronzelåget blev bragt på plads over kisten, akkurat den samme, som den havde været den 7. marts. Den 27. marts så han lige så frisk ud og var lige så uberørt af forrådnelse, som han havde set ud den nat, han døde. Den 27. marts var der ingen grund til at sige, at hans lig overhovedet var undergået nogen synlig fysisk opløsning. Af disse grunde erklærer vi igen, at Paramahansa Yoganandas tilfælde er enestående i vor erfaring."

Yderligere oplysninger om Paramahansa Yoganandas Kriya Yoga lære

Self-Realization Fellowship ønsker at hjælpe sandhedssøgende fra hele verden. For oplysninger om vores årlige serie af offentlige forelæsninger og kurser, om meditationer og inspirerende gudstjenester i vores templer og centre over hele verden og for en liste over refugier og andre aktiviteter, er du velkommen til at besøge vores website eller vores Internationale Hovedkvarter:

www.yogananda.org

Self-Realization Fellowship
3880 San Rafael Avenue
Los Angeles, CA 90065-3219, USA
+1(323) 225-2471

Self-Realization Fellowship
Lektioner

Personlig vejledning og instruktion fra Paramahansa Yogananda i teknikker til yogameditation og principper for åndelig livsførelse.

Læsere som er interesserede i Paramahansa Yoganandas åndelige lære inviteres til at modtage *Self-Realization Fellowship Lektionerne*.

Paramahansa Yogananda startede denne serie af hjemmestudier for at give oprigtigt søgende mennesker mulighed for at lære og udøve de urgamle teknikker til yogameditation som han bragte til Vesten – inklusive videnskaben om *Kriya Yoga*. *Lektionerne* indeholder også hans praktiske vejledning for at opnå afbalanceret fysisk, mentalt og åndeligt velvære.

Self-Realization Fellowship Lektionerne er tilgængelige for et mindre vederlag (til dækning af udgifter til trykning og porto). Self-Realization Fellowships munke og nonner giver alle studerende gratis personlig vejledning i *Lektionernes* praktiske udøvelse.

For yderligere oplysninger ...

Besøg venligst www.srflessons.org, hvor du kan rekvirere en gratis, omfattende informationspakke om *Lektionerne*.

Mål og idealer
for
Self-Realization Fellowship

Som fremsat af grundlæggeren Paramahansa Yogananda
Broder Chidananda, præsident

At udbrede kendskab blandt nationerne til bestemte videnskabelige metoder til at opnå direkte personlig oplevelse af Gud.

At belære om, at livets formål er at udvikle menneskets begrænsede dødelige bevidsthed til Gudsbevidsthed gennem egen anstrengelse; og til dette formål oprette Self-Realization Fellowship templer for samvær med Gud overalt i verden, og at opmuntre til oprettelse af individuelle templer for Gud i menneskets hjem og hjerter.

At afsløre den fuldstændige harmoni og grundlæggende enhed mellem den oprindelige kristendom, som fremlagt af Jesus Kristus, og den oprindelige Yoga, som fremlagt af Bhagavan Krishna; og at vise, at disse sandhedens principper er det fælles videnskabelige grundlag for alle sande religioner.

At udpege den ene hellige hovedvej, hvortil alle sande religiøse overbevisningers stier i den sidste ende fører: den daglige, videnskabelige, hengivne meditation over Gud.

At udfri mennesket fra dets trefoldige lidelse: fysisk sygdom, mentale disharmonier og åndelig uvidenhed.

At opmuntre til "enkel levevis og høj tænkning"; og at udbrede en følelse af broderskab mellem alle folkeslag ved at belære om det evige grundlag for deres enhed: slægtskab med Gud.

At demonstrere at sindet er kroppen overlegen, og sjælen er sindet overlegen.

At overvinde det onde ved det gode, sorg ved glæde, grusomhed ved venlighed, uvidenhed ved visdom.

At forene videnskab og religion ved erkendelse af deres grundlæggende princippers enhed.

At fremme kulturel og åndelig forståelse mellem Øst og Vest, samt udveksling af deres bedste egenskaber.

At tjene menneskeheden som sit større Selv.

Også udgivet af Self-Realization Fellowship ...

En yogis selvbiografi
af Paramahansa Yogananda

Denne berømte selvbiografi, valgt som en af århundredets hundrede bedste åndelige bøger, er både en fascinerende beskrivelse af et usædvanligt liv og et gennemtrængende og uforglemmeligt indblik i den menneskelige tilværelses største mysterier. Den blev ved udgivelsen hyldet som en milepæl i åndelig litteratur og er i dag stadig en af de mest læste og respekterede bøger, der nogensinde er udgivet om Østens visdom.

Med indtagende oprigtighed, veltalenhed og vid fortæller Paramahansa Yogananda sit livs inspirerende krønike – oplevelserne fra sin usædvanlige barndom, møderne med mange helgener og vismænd gennem sin ungdommelige søgen over hele Indien efter en oplyst lærer, de ti års træning i en højagtet yogamesters bolig og de tredive år hvor han boede og underviste i Amerika. Han fortæller også om sine møder med Mahatma Gandhi, Rabindranath Tagore, Luther Burbank, den katolske stigmatist Therese Neumann og andre berømte åndelige personligheder fra Østen og Vesten. Bogen indeholder desuden det omfattende materiale, som han tilføjede, efter den første udgave udkom i 1946 og et slutkapitel om hans livs sidste år.

En yogis selvbiografi anses som en moderne åndelig klassiker og giver en dyb indføring i den ældgamle yogavidenskab. Bogen er oversat til mange sprog og anvendes ofte i college- og universitetsfag. Den er til stadighed en bestseller og har fundet vej til hjertet hos millioner af læsere verden rundt.

"En enestående beretning."
– The New York Times

"Et fascinerende og klart kommenteret studie."
– Newsweek

"Man har aldrig før – på engelsk eller noget andet europæisk sprog – set en sådan beskrivelse af Yoga."
– Columbia University Press

Bøger på dansk af
Paramahansa Yogananda

En yogis selvbiografi

Loven om succes

Videnskabelige helbredende bekræftelser

Sådan kan du tale med Gud

Derfor tillader Gud det onde

Lev uden frygt

Lev sejrrigt

Visdomsord af Paramahansa Yogananda

Bøger på dansk af
andre forfattere

Forholdet mellem guru og discipel
af Sri Mrinalini Mata

Bøger på engelsk af
Paramahansa Yogananda

Kan købes hos boghandlere eller direkte fra forlaget:
Self-Realization Fellowship
3880 San Rafael Avenue • Los Angeles, California
90065-3219, USA
Tlf. +1(323) 225-2471 • Fax +1(323) 225-5088
www.srfbooks.org

Autobiography of a Yogi

The Second Coming of Christ:
The Resurrection of the Christ Within You
En afslørende kommentar om Jesus
og hans oprindelige lære.

God Talks with Arjuna:
The Bhagavad Gita
En ny oversættelse og kommentar.

Man's Eternal Quest
Første bind af Paramahansa Yoganandas foredrag og
uformelle taler.

The Divine Romance
Andet bind af Paramahansa Yoganandas foredrag, uformelle taler og essays.

Journey to Self-realization
Tredje bind af Paramahansa Yoganandas foredrag og uformelle taler.

Wine of the Mystic:
The Rubaiyat of Omar Khayyam
— A Spiritual Interpretation
En inspireret kommentar som kaster lys over den mystiske videnskab om samvær med Gud, der er skjult i Rubaiyatens enigmatiske billedsprog.

Where There Is Light:
Insight and Inspiration for Meeting Life's Challenges

Whispers from Eternity
En samling af Paramahansa Yoganandas bønner og guddommelige oplevelser i ophøjet tilstand af meditation.

The Science of Religion

The Yoga of the Bhagavad Gita:
An Introduction to India's Universal Science of
God-Realization

The Yoga of Jesus:
Understanding the Hidden Teachings of the Gospels

In the Sanctuary of the Soul:
A Guide to Effective Prayer

Inner Peace:
How to Be Calmly Active and Actively Calm

To Be Victorious in Life

Why God Permits Evil and How to Rise Above It

Living Fearlessly:
Bringing Out Your Inner Soul Strength

How You Can Talk With God

Metaphysical Meditations
Over 300 åndeligt opløftende meditationer, bønner og
bekræftelser.

Scientific Healing Affirmations
Paramahansa Yogananda præsenterer her en dybtgående
forklaring på videnskabelige bekræftelser.

Sayings of Paramahansa Yogananda
En samling af visdomsord og kloge råd, som viser
Paramahansa Yoganandas oprigtige og kærlige svar til
dem, der kom til ham for vejledning.

Songs of the Soul
Paramahansa Yoganandas mystiske digte.

The Law of Success
Forklarer dynamiske principper for at nå livets mål.

Cosmic Chants
Tekst (engelsk) og musik til 60 religiøse sange, med en
indledning som forklarer hvorledes åndelig sang kan
føre til fællesskab med Gud.

Lydindspilninger af
Paramahansa Yogananda

Beholding the One in All

The Great Light of God

Songs of My Heart

To Make Heaven on Earth

Removing All Sorrow and Suffering

Follow the Path of Christ, Krishna, and the Masters

Awake in the Cosmic Dream

Be a Smile Millionaire

One Life Versus Reincarnation

In the Glory of the Spirit

Self-Realization: The Inner and the Outer Path

Også udgivet af
Self-Realization Fellowship

Et udførligt katalog over alle Self-Realization Fellowships bøger, lydoptagelser og videoindspilninger kan fås ved forespørgsel.

The Holy Science
af Swami Sri Yukteswar

Only Love:
Living the Spiritual Life in a Changing World
af Sri Daya Mata

Finding the Joy Within You:
Personal Counsel for God-Centered Living
af Sri Daya Mata

Intuition:
Soul Guidance for Life's Decisions
af Sri Daya Mata

God Alone:
The Life and Letters of a Saint
af Sri Gyanamata

"Mejda":
The Family and the Early Life
of Paramahansa Yogananda
af Sananda Lal Ghosh

Self-Realization
(et magasin grundlagt af
Paramahansa Yogananda i 1925)

DVD (dokumentar)

AWAKE:
The Life of Yogananda
En prisvindende dokumentarfilm om Paramahansa
Yoganandas liv og arbejde.

Ordliste

astrale verdener: De smukke riger af lys og glæde, hvortil mennesker med en vis grad af åndelig forståelse kommer for videre udvikling efter døden. Endnu højere er den kausale eller idémæssige sfære. Disse verdener beskrives i kapitel 43 af *En yogis selvbiografi*.

Aum eller Om: Grundlaget for alle lyde; det universale symbolske ord for Gud. *Aum* i Vedaerne *(se dette)* blev til det hellige ord *Hum* blandt tibetanerne, *Amin* blandt muslimerne og *Amen* hos egypterne, grækerne, romerne, jøderne og de kristne. *Amen* på hebraisk betyder *sikker, trofast*. *Aum* er den altgennemtrængende lyd, som udgår fra Helligånden (Usynlig Kosmisk Vibration; Gud i Sit aspekt som Skaber); "Ordet" i Bibelen; skabelsens stemme som vidner om den Guddommelige Tilstedeværelse i alle atomer. *Aum* kan høres ved udøvelse af Self-Realization Fellowships meditationsmetoder.

"Dette siger Amen, det troværdige og sanddru vidne, Guds skaberværks ophav." – Johannes' Åbenbaring 3:14. "I begyndelsen var Ordet, og Ordet var hos Gud, og Ordet var Gud ... Alt blev til ved ham [Ordet eller *Aum*], og uden ham blev intet til af det, som er" (Johannesevangeliet 1:1-3).

Babaji: Guru for Lahiri Mahasaya (guru for Swami Sri Yukteswar, som selv var guru for Paramahansa Yogananda). Babaji er en udødelig avatar, som hemmeligt bor i Himalaya. Hans titel er *Mahavatar* eller "Guddommelig Inkarnation". Glimt af hans Kristus-agtige liv findes i Paramahansa Yoganandas *En yogis selvbiografi*.

Bhagavad Gita ("Herrens Sang"): Den hinduistiske bibel: Herren Krishnas hellige ord, samlet for årtusinder siden af vismanden Vyasa. Se *Krishna*.

ego: Egoprincippet, *ahamkara* (direkte oversat "jeg gør") er roden til dualismen, eller den tilsyneladende adskillelse mellem mennesket og dets Skaber. *Ahamkara* bringer mennesket under *mayas (se dette)* magt, ved hvilket subjektet (egoet) fejlagtigt fremstår som objekt; skabningerne tror, at de selv er skabere.

Ved at forvise egobevidstheden, vågner man til sin guddommelige identitet, sin enhed med Gud, det eneste Liv.

Guddommelige Moder: "Den side af det Uskabte Uendelige som er aktiv i skabelsen, kaldes i hinduistiske skrifter den Guddommelige Moder," skrev Paramahansaji. "Det er denne personliggjorte side af det Absolutte, som kan siges at have 'længsel' efter Sine børns rette opførsel og at besvare deres bønner. Mennesker, som forestiller sig, at det Upersonlige ikke kan manifesteres i personlig skikkelse, nægter således Dets almagt og muligheden af, at mennesker kan have samvær med deres Skaber. Herren i form af den Kosmiske Moder viser Sig i levende håndgribelighed for sande *bhaktaer* (tilbedere af en personlig Gud).

"Herren manifesterer Sig for Sine helgener i den form, som hver af dem har kær. En hengiven kristen ser Jesus, en hindu ser Krishna eller Gudinden Kali eller et tiltagende Lys, hvis hans tilbedelse tager en upersonlig form."

guru: Den åndelige lærer, som introducerer disciplen til Gud. Ordet "guru" er ikke det samme som "lærer", idet man kan have mange lærere, men kun én guru.

Helligånden: Se *Aum.*

illusion: Se *maya.*

intuition: Den "sjette sans"; vidensforståelse som kommer øjeblikkeligt og spontant fra sjælen og ikke fra sansernes eller fornuftens fejlbarlige virke.

ji: Et suffiks der angiver respekt, og som tit sættes efter navne i Indien. Paramahansa Yogananda kaldes derfor sommetider Paramahansaji eller Yoganandaji her i bogen.

Kali: Mytologisk hinduistisk Gudinde vist som en kvinde med fire hænder. Én hånd symboliserer Naturens skabende kræfter; den anden hånd repræsenterer de kosmiske opretholdende funktioner; den tredje hånd er symbol på opløsningens rensende kræfter. Kalis fjerde hånd er udstrakt i en gestus af velsignelse og frelse. Således kalder Hun hele skabelsen tilbage til dens guddommelige Kilde. Gudinden Kali er et symbol på eller et aspekt af den Guddommelige Moder *(se dette)*.

karma: Den afbalancerende karmalov, som den fremsættes i de hinduistiske skrifter, er loven om aktion og reaktion, årsag og virkning, såning og høst. Gennem den naturlige retfærdighed former hvert menneske gennem sine tanker og handlinger sin egen skæbne. De energier, som han selv, klogt eller uklogt, har sat i bevægelse, må vende tilbage til ham som deres udgangspunkt, ligesom en cirkel, der ubønhørligt slutter sig selv. "Verden ser ud som en matematisk ligning, der, hvordan man end vender den, går op. Hver hemmelighed fortælles, hver forbrydelse straffes, hver velgerning belønnes, hver skade genoprettes, i stilhed og ufravigelig sikkerhed" (Emerson, i *Compensation*). En forståelse af karma som retfærdighedens lov tjener til at befri menneskets sind for bitterhed mod Gud og mennesker. Se *reinkarnation*.

kosmisk bevidsthed: Bevidsthed om at Ånden transcenderer den begrænsede skabelse.

Krishna: En avatar, der levede som en konge i Indien længe før den kristne æra og hvis guddommelige råd i Bhagavad Gitaen *(se dette)* holdes i ære af talrige Gudssøgere. I sin ungdom var han kohyrde og henrykkede sine ledsagere ved sit fløjtespil. Allegorisk repræsenterer Herren Krishna sjælen, som spiller sin meditations fløjte for at lede alle vildførte tanker tilbage til alvidenhedens fold.

Kristus-Bevidsthed: Bevidsthed om at Ånden er til stede i alle atomer i den vibratoriske skabelse.

Kriya Yoga: En meget gammel videnskab, udviklet i Indien til brug for Gudssøgere. Dens tekniske udøvelse er henvist til og lovprist af Krishna i Bhagavad Gitaen og af Patanjali i *Yoga Sutras*. Denne befriende videnskab, som leder sin udøver til at opnå kosmisk bevidsthed, gives til SRF's medlemmer.

Lahiri Mahasaya (1828-1895): Guru for Sri Yukteswar *(se dette)* og discipel af Babaji *(se dètte)*. Lahiri Mahasaya genoplivede den meget gamle og næsten fortabte videnskab om yoga, og gav navnet *Kriya Yoga* til de praktiske teknikker. Han var en Kristuslignende lærer med mirakuløse evner; han var også familiefar med forretningsmæssige forpligtelser. Hans mission var at formidle en yoga, der passede til det moderne menneske, hvor meditation balanceres af den rette udførsel af verdslige pligter. Lahiri Mahasaya var en *Yogavatar* eller "Inkarnation af Yoga".

maya: Kosmisk illusion; bogstaveligt "den, der måler". *Maya* er den magiske kraft i skabelsen, ved hvilken begrænsninger og opdelinger tilsyneladende er til stede i det Ubegrænsede og Udelelige.

I *En yogis selvbiografi* skrev Sri Yogananda:

"Man bør ikke tro, at sandheden om *maya* kun blev forstået af *rishierne* (de hinduistiske vismænd). Det Gamle Testamentes profeter kaldte *maya* ved navnet Satan (bogstaveligt, på hebræisk, 'modstanderen'). Satan eller *Maya* er den Kosmiske Tryllekunstner, der frembringer en mangfoldighed af former for at skjule den Ene Formløse Sandhed. Satans eneste funktion er at aflede mennesket fra Ånden til stoffet. Kristus beskriver malerisk *maya* som en djævel, en morder og en løgner. 'Djævelen ... var en manddræber fra begyndelsen af; og han står ikke i sandheden, for sandhed er ikke i ham. Når han taler løgn, taler han af sit eget; for han er en løgner, og løgnens fader' (Johannesevangeliet 8:44)."

Mount Washington Centeret: Det international hovedkvarter for Self-Realization Fellowship (Yogoda Satsanga Society of India), etableret i Los Angeles i 1925 af Paramahansa Yogananda. Grunden er på ca. fem hektarer og ligger på en bakketop med udsigt over hjertet af Los Angeles. I hovedbygningen for administrationen (se fotoet på side 94) vedligeholdes Gurudeva Paramahansa Yoganandas værelser som en helligdom. Fra dette Modercenter udsender Self-Realization Fellowship Paramahansajis lære i form af trykte lektioner til medlemmer, og udgiver hans andre skrifter og taler i talløse bøger og i magasinet *Self-Realization*.

nirbikalpa samadhi: Det højeste eller uforanderlige Gudsforenede stadium af *samadhi*. Det første eller indledende stadium, (karakteriseret af trance og ubevægelighed af kroppen) hedder *sabikalpa samadhi*.

Paramahansa: En religiøs titel, der betegner en, som er mester over sig selv. Den gives til en discipel af hans guru. *Paramahansa* betyder bogstaveligt talt "den højeste svane". I de hinduistiske skrifter er svanen et symbol på åndelig skelneevne.

reinkarnation: Den doktrin, fremsat i de hinduistiske skrifter, som siger, at mennesket fødes på denne jord igen og igen. Denne cyklus af genfødsler holder op, når man bevidst genvinder sin status som Guds søn. "Den, som sejrer, ham vil jeg gøre til en søjle i min Guds tempel, og han skal aldrig mere komme bort derfra" (Johannes' Åbenbaring 3:12). Forståelse af karmaloven og dens konsekvens, reinkarnationen, er underforstået i mange af Bibelens skriftsteder.

Den første kristne kirke accepterede doktrinen om reinkarnation, som fremførtes af gnostikerne og af mange kirkefædre, blandt

153

andre Klemens fra Alexandria, den berømte Origenes og Skt. Jerome fra det femte århundrede. Teorien blev først erklæret for at være kætteri i 553 e.Kr. af Det Andet Råd i Konstantinopel. På den tid mente mange kristne, at læren om reinkarnation gav mennesker for rigelig tid og derfor ikke opmuntrede dem til at søge øjeblikkelig frelse. I dag har mange af Vestens tænkere anerkendt teorierne om karma og genfødsel, idet de ser i dem de love om retfærdighed, der ligger til grund for livets tilsyneladende uligheder. Se *karma*.

sadhu: En, som følger en *sadhana* eller vej af åndelig disciplin; en asket.

samadhi: Overbevidsthed. *Samadhi* opnås ved at følge den ottefoldige yoga-vej, hvor *samadhi* er det ottende trin eller det endelige mål. Videnskabelig meditation – den rette brug af yogateknikker udviklet af Indiens vismænd i gammel tid – fører den gudhengivne til *samadhi* eller erkendelse af Gud. Ligesom bølgen smelter i havet, således erkender menneskets sjæl sig selv som allestedsnærværende Ånd.

Sat-Tat-Aum: Fader, Søn og Helligånd; eller Gud som ophøjet eller *nirguna*, "uden egenskaber" – Kosmisk Bevidsthed i det salige tomrum hinsides fænomenernes verdener; Gud som Kristus-Bevidsthed, iboende i skabelsen; og Gud som *Aum (se dette)*, den Guddommelige Skabende Vibration.

Self-Realization Fellowship (SRF): Det samfund, der blev grundlagt af Paramahansa Yogananda i De Forenede Stater i 1920 (og som Yogoda Satsanga Society of India i 1917) med det formål at udbrede Kriya Yogaens *(se dette)* åndelige principper og meditationsteknikker over hele verden til gavn for menneskeheden. Det internationale hovedkvarter, Modercenteret, ligger i Los Angeles, Californien. Paramahansa Yogananda har forklaret, at navnet Self-Realization Fellowship betyder: "Fællesskab med Gud gennem Selverkendelse og venskab med alle sandhedssøgende sjæle." Se også "Mål og Idealer for Self-Realization Fellowship" på side 138.

Self-Realization Ordenen: Den monastiske orden grundlagt af Paramahansa Yogananda. Munke og nonner afgiver løfter om enkel levevis (ikke at være knyttet til besiddelser), cølibat, lydighed (villighed til at adlyde Paramahansa Yoganandas leveregler) og loyalitet (hengivenhed til at tjene Self-Realization Fellowship, det samfund som Paramahansa Yogananda stiftede). Gennem succession fra Paramahansaji, som var medlem af Giri-grenen af den ærværdige hinduistiske monastiske orden grundlagt af Swami Shankaracharya, tilhører munke og nonner i Self-Realization Ordenen, som aflægger deres endelige løfter, også den meget gamle Shankara-orden. (Se *swami*).

SRF Lektioner: Samlinger af Paramahansa Yoganandas lære, som sendes hver anden uge til Self-Realization Fellowships medlemmer og studerende.

Sri Yukteswar (1855-1936): Den store guru for Paramahansa Yogananda, som kaldte sin lærer *Jnanavatar* eller "Visdoms-Inkarnation".

swami: Et medlem af Indiens ældste monastiske orden, omordnet i det ottende århundrede af Swami Shankaracharya. En swami aflægger formelle løfter om cølibat og afkald på verdslige ambitioner; han helliger sig meditation og tjeneste til menneskeheden. Der er ti titler som klassificerer Swami Ordenen, såsom *Giri, Puri, Bharati, Tirtha, Saraswati* og andre. Swami Sri Yukteswar *(se dette)* og Paramahansa Yogananda tilhørte *Giri* ("bjerg") grenen.

vedaer: Hinduernes fire skrifter: *Rig Veda, Sama Veda, Yajur Veda* og *Atharva Veda*. Det er mest en litteratur af sang og recitation. Blandt Indiens umådelige tekster er vedaerne (fra ordet *vid*, på Sanskrit, at vide) de eneste skrifter, som ikke tilskrives nogen forfatter. I *Rig*

Veda tilskrives hymnerne en himmelsk oprindelse, og den fortæller os, at de er nedsteget fra "meget gammel tid", iklædt i nyt sprog. Vedaerne afsløres på guddommelig vis fra tidsalder til tidsalder for *rishierne*, "seerne", og siges at beside *nityatva*, "tidløs autoritet".

vejrtrækning: "Vejrtrækningen forener mennesket med skabelsen," skrev Yoganandaji. "Indstrømningen af utallige kosmiske strømme i mennesket gennem vejrtrækningen skaber rastløshed i sindet. For at undslippe den endeløse strøm fra fænomenernes verdener og indtræde i Åndens uendelighed, lærer en yogi at stilne vejrtrækningen ved videnskabelig meditation."

yoga: Bogstaveligt betyder yoga "forening" af mennesket med sin Skaber ved udøvelse af videnskabelige teknikker til Selverkendelse. De tre vigtigste metoder er *Jnana Yoga* (visdom), *Bhakti Yoga* (hengivelse) og *Raja Yoga* (den "kongelige" eller videnskabelige metode, som indbefatter *Kriya Yogaens* teknikker). Den ældste eksisterende tekst om den hellige videnskab er Patanjalis *Yoga Sutras*. Patanjalis tid vides ikke, skønt nogle lærde mener, at han levede i det andet århundrede før Kristus.

Yogananda: Det monastiske navn Yogananda består af to ord og betyder "lyksalighed (*ananda*) ved guddommelig forening (*yoga*)".

yogi: En, der udøver yoga. Der behøver ikke at være nogen formel forsagelse; en yogi giver sig kun af med trofast daglig udøvelse af videnskabelige teknikker til Gudserkendelse.

åndeligt øje: Visdommens "enkelte" øje, den praniske stjernedør man må passere gennem for at opnå kosmisk bevidsthed. Metoden til at passere gennem den hellige dør gives ved undervisning til medlemmer af Self-Realization Fellowship.

"Jeg er døren. Den, der går ind gennem mig, skal blive frelst; han skal gå ind og gå ud og finde græsgange" (Johannesevangeliet 10:9). "Når dit øje er enkelt, er også hele dit legeme i lys ... Se derfor til, at lyset i dig ikke er mørke" (Lukasevangeliet 11:34-35).